Los Caramelos De La Vida

Una enciclopedia
para vivir victoriosamente

Dr. Jason Álvarez

WESTBOW
PRESS®
A DIVISION OF THOMAS NELSON
& ZONDERVAN

Puede hacer pedidos de libros de WestBow Press en librerías o poniéndose en contacto con:

WestBow Press
A Division of Thomas Nelson & Zondervan
1663 Liberty Drive
Bloomington, IN 47403
www.westbowpress.com
1 (866) 928-1240

ISBN: 978-1-5127-9024-5 (tapa blanda)
ISBN: 978-1-5127-9026-9 (tapa dura)
ISBN: 978-1-5127-9025-2 (libro electrónico)

Número de Control de la Biblioteca del Congreso: 2017910380

Fecha de revisión de WestBow Press: 07/03/2017

Tabla de Contenido

Reconocimientos

Agradecimiento especial a mi sorprendente esposa Gale, mi querido amigo el Obispo Gerald Loyd, Betty Blackston, Rev. Fred Rodríguez, nuestro brillante diseñador Ashley Cheatham, Yuriy Boyechko, Julio Vitolo, Naimah Ward y a la tierna misericordia y Gracia Divina de mi viviente Salvador y Señor Jesucristo.

La Mente

"Tu mente es el umbral y la entrada de tu pensamiento a la vida"

Puede que digas, *"yo sé eso."* Sin embargo, hay muchas personas que no lo saben, y por muchos años, honestamente puedo decir, ¡yo fui uno de ellos! ¿Sabes, que yo fui a la Iglesia domingo tras domingo, pero nunca oí a un predicador decirme que mis pensamientos tenían algo que ver con mi vida?

NADIE ME DIJO

Nadie me dijo jamás que si yo fuese presentado con un pensamiento que no fuera correcto, o que fuese contrario a la voluntad de Dios para mi vida, que yo no tenía que seguir entreteniéndolo, pero que sí podía detenerlo. ¡Yo no sabía eso!

Nunca se me había hecho notorio que Dios Todopoderoso me había nombrado guardador de mi mente y que yo era responsable de lo que permitía entrar o rechazar de mis pensamientos.

Ves, nadie, quiero decir nadie nunca me dijo que mi mente podía tornarse en un campo de juego para el diablo si yo lo permitía. No lo sabía, que mi mente era el campo de batalla, la gran arena donde victorias personales o son ganadas o derrotas. No señor; yo honestamente creía, por todos esos años, que yo tenía que lidiar con cualquier pensamiento que invadiera mi mente, sin hacer nada al respecto. Te digo, no tenía idea que yo podía escoger mis propios pensamientos.

Luego un día, escuché alguien preguntar, "*¿Sabes que siempre te moverás en la dirección de tus pensamientos más dominantes?*" Le dije no, yo no sabía de esto. Pues, prosiguieron a señalarme cuán crítico era; y que hasta la Biblia misma nos enseña, que según el hombre piensa en su mente y corazón, (dice el Hebreo) así se vuelve... ¡Bum!

El momento en que lo escuché, yo sabía; que esto era exactamente lo que me había pasado. Pensé, con razón mi vida es de tal enredo. Inmediatamente, vi cuán ignorante había sido de las artimañas del diablo, y como dice la Biblia, estaba definitivamente pereciendo por falta de conocimiento.

Te digo; no tenía idea, que Dios me había dado mi mente para servirme y no para gobernarme, y para que yo tuviera control de ella, en vez de mi mente, tener control de mí. Y lo triste es, aunque había ido a la Iglesia por muchos años, nadie nunca me dijo, que Dios me lo había dejado a mí, traer al cautiverio TODO PENSAMIENTO a la obediencia de Cristo o mejor dicho, traer todo pensamiento encadenado al pie del calvario.

De alguna manera, pensé, que Dios cuidaría de todas las loqueras que transcurrían en mi mente por si mismo, sin que yo hiciera nada sobre ello, sólo siempre y cuando yo me mantuviera amando a Jesús. Bueno, la verdad es, sí yo seguí amando a Jesús, pero nada nunca cambió, hasta que yo comencé atando al diablo y rompiendo su poder sobre mi mente.

Aquí hay dos verdades importantes concernientes a tu mente que tú debes saber.

VERDAD NÚMERO UNO

Escúchame, desde el tiempo en que eras un niño, lo que sea que has estado alimentando tu mente y tus pensamientos, es lo que te ha moldeado a ser la persona que eres hoy.

Pero por muchos años, yo no tenía idea de ello. Tampoco estaba consciente, que el espíritu de tu mente, que es la suma total de todos tus pensamientos, es lo que creó tu interna constitución mental, tu sistema de creencia, tu compás moral y tu comportamiento.

Así que viví mi vida con negativismo, sin saber sus implicaciones.

VERDAD NÚMERO DOS

Las buenas noticias son, (y no tomó mucho tiempo), que comencé a ver que el ataque primordial del enemigo era en contra de mi mente, y que todo dependía de mí como el aprender a hacer algo sobre ello. Déjame decirte, a principios, cuando yo lo ignoraba, parecía casi imposible. Porque la verdad es, ¡sus ataques sobre mi mente eran sin cesar! Por ejemplo, me acuerdo siendo atacado diariamente con constantes pensamientos de desánimo y temor. Luego en otras ocasiones eran severos pensamientos de desespero, y depresión. Pero su favorito de todo el tiempo, era siempre el pensamiento de rendimiento. Porque él sabía, que si él lograba que yo me rindiera entonces, yo no estaría aquí hoy, teniendo y disfrutando de esta vida admirable que Dios con tanta gracia me ha dado, y no estaría haciendo todas las cosas increíbles que Dios me ha privilegiado y agraciado hacer hasta aquí, ¡Y LO MEJOR AUN ESTÁ POR VENIR!

Ahora, ¿sabes que desde el Jardín del Edén, el método de operación de satanás contra el hombre, no sólo ha sido limitado por Dios, para que no pueda utilizar sus poderes angelicales en contra de nosotros, pero aún hoy, esos métodos exactos permanecen iguales?

Porque si procuras estudiar la Biblia, aprenderás, que este es exactamente el mismo método, satanás utilizó para agotar a Sansón. Por cuanto el escritor nos informa que cuando Dalila primero se acercó a Sansón con relación al secreto de sus fuerzas, él rehusó decirle. Sin embargo, cuando diariamente Dalila le presionaba (o bombardeaba su mente día tras día) con sus palabras (o dardos fieros apuntados a su mente) y le urgía, Sansón recibió un espinazo de muerte o como decimos en la calle, ella literalmente acabó con él...

Es por esto, que debes aprender a resistir al diablo en el momento y atar esos pensamientos en el nombre de Jesús; o sino, así como Sansón; después de un rato, te volverás cansado y desmayado en tu mente. La verdad es, tú no puedes detener los pensamientos vienen a la puerta de tu mente. Sin embargo, depende totalmente de ti cuáles tú permites entrar o dejar fuera! Así que te urjo, cuando eres tentado a volverte desanimado y rendirte, aprende a levantarte rápido contra los agobios del enemigo y di, "No diablo, te ato y rompo tu poder sobre mi mente ahora mismo en el nombre poderoso de Jesús."

Luego rápido, reemplaza esos pensamientos negativos con unos de las promesas de Dios que se acoplan a tu situación y dale a Dios Alabanza...

Ahora déjame decirte lo que yo he hecho, y te animo a que tú hagas lo mismo. Yo he levantado un rótulo bien grande en el ambiente espiritual que dice, ¡Diablo, mantente fuera! Y sí diablo esto significa tú!"

NO TE RINDAS

Escuché una vez la historia de una venta de garaje que el diablo llevaba a cabo. En esta venta de garaje, el diablo tenía muchas, muchas herramientas las cuáles vendía. Pero había una herramienta en particular que lucía vieja y totalmente gastada, sin embargo, este era el artículo por el cual más pedía...

Así que un comprador le preguntó, "¿porqué tanto dinero por ésta vieja y gastada herramienta?" El diablo respondió, "porque ésta es la herramienta que he usado más que todas las demás, y también me ha logrado los mejores resultados."

Te preguntas, ¿cuál es ésta herramienta? ¿Es el divorcio, matanzas, adulterio, avaricia, o quizás el lamento? No, su herramienta número uno es la tentación al abandono y el rendirse. Con razón Daniel 7:25 nos enseña, que en los últimos días el gran objetivo del diablo es agotar a los santos del Dios Todopoderoso. Y créeme, está haciendo un buen trabajo. Es por esto que tantos ministros están dejando el ministerio y tantas iglesias están cerrando sus puertas.

UNA VISIÓN

Ahora déjame compartir contigo una pequeña visión que tuve muchos años atrás que verdaderamente me ayudó con éste asunto. En la visión, yo vi un hombre y una mujer quienes no se conocían, y simplemente estaban de pie el uno al lado del otro en una parada de autobús... Cuando de momento, vi al hombre con atrevimiento poner su mano en el hombro de la mujer y gentilmente comenzó a sobarlo. Luego el Señor me preguntó, *"¿qué tú crees que sucederá si la mujer no remueve rápidamente su mano y le deja saber que ella no quiere que el haga esto?"* Yo respondí, *"Me imagino que el hombre sería más atrevido y más agresivo"*. Él respondió: *"¡Tienes razón!"*

Prosiguió a enseñarme, *"Aquí está el asunto... En el ambiente del espíritu, la manera en que el diablo pone sus manos sucias sobre ti es a través del pensamiento"*. Y a menos que tú le resistas en el momento y ates esos pensamientos en mi nombre, no hay como decir cuando estos ataques terminarían.

¿Sabías, que el divorcio comienza con un pensamiento? Yo no sé de ti, pero cuando mi esposa y yo teníamos grandes problemas, el pensamiento del divorcio pasaría por mi mente miles de veces. Gracias a Dios, cuando era joven en el Señor, escuché el profeta David Minor recordar a alguien hacerle una pregunta sobre el divorcio. "Dr. Minor, ¿crees en el divorcio?" fue la interrogación, a lo que él respondió, " ¡MUERTE, QUIZÁS!, ¡DIVORCIO, NUNCA!"

Tranquilo, es sólo un chiste! Toda broma a un lado, la verdadera verdad es, si yo tuviera un vellón de diez por cada vez que me he desanimado y fui tentado a rendirme, ahora probablemente sería rico y lo más seguro tú también.

¿QUÉ TAL EL ASESINATO?

Vamos a decir, alguien te hiere, te maltrata, o toma ventaja sobre ti, o cualquiera sea el caso, como resultado, tu rehúsas perdonarles, porque quizás el dolor fue muy grande

Inmediatamente, el espíritu de enojo hará todo lo que está en su poder para obtener una atadura sobre tu vida, atacando tu mente con pensamientos de enojo y venganza. Ahora, si no te levantas rápidamente y pones un paro a éste (enojo) en el ambiente del pensamiento, entonces, la semilla del enojo pronto dará lugar a una raíz de amargura.

Y si no lidias con esta amargura y la desenraizas, producirá odio, y el odio, si no difundido, lidiado, y arrepentido, puede tornarse en asesinato.

Ahora aquí está lo asombroso. Todo comenzó con un pensamiento que no fue atado, lidiado, arrepentido. Nuevamente, la gran lección aquí es, si le ponemos un paro al pecado en el terreno del pensamiento, NUNCA se tornará en un hecho.

¿QUÉ SOBRE EL SUICIDIO?

¿Sabías que el suicidio comienza con un pensamiento? Sabes, según pienso en la pérdida de un famoso caballero quién recientemente se colgó y tomó su propia vida a la edad de 63, no puedo sino sentir, que este mensaje le pudo haber ayudado. No sólo a él, pero a cantidades de personas que han permitido que éste malvado espíritu de suicidio les empuje sobre el borde, con pensamientos de tomar su propia vida. Aún en mi propia ciudad, recientemente, una niña de 15 años quien era bella, y quién tenía tanto a su favor, tanto por el cuál vivir, cometió el error de escuchar las mentiras del diablo y terminó tomando su propia vida. Tengo que decirte, mi corazón realmente se extiende hacia estas preciosas personas y sus familias; tanto así, que está verdaderamente es una de las razones primordiales, por el cual estoy escribiendo este libro.

La oración de mi corazón es, que ayude y rescate a muchos de este desesperanzado camino de destrucción, en el nombre de Jesús...

¿Sabías, que el espíritu de suicidio trató de convencer a Jesús a saltar del pináculo del templo? Oh ¡sí lo hizo! Pero Jesús no cayó, por lo contrario, desenvainó la Espada del Espíritu, la dirigió al diablo y dijo, "ESCRITO ESTÁ", no tentarás al Señor tu Dios. Y con esto, venció al diablo y lo mandó corriendo por su vida.

Ahora déjame hacerte una pregunta. ¿Has sido tentado con pensamientos de suicidio? ¡Yo sí! Sucedió una vez, cuando viajaba con el evangelista R.W. Shambach. Me acuerdo saliendo a un pequeño balcón en el décimo piso del hotel dónde nos hospedamos, cuando de momento, claramente oí una voz que me dijo, "Jason, ¿por qué no le haces un favor a tu esposa y familia y saltas?"

Vez, durante este tiempo mi esposa y yo teníamos grandes problemas y nuestra vida era extremadamente difícil. Sabes lo que se dice: "Lo más cerca que llegarás al infierno, sin realmente llegar ahí, es un mal matrimonio." Eso es todo un bocado. Pero yo firmemente puedo acertar que es cierto, porque yo he estado ahí.

Pero de hecho, hoy mi matrimonio es el Cielo en la tierra. Puedes leer todo sobre ello cuando llegues al capítulo sobre el matrimonio. De todos modos, cuando satanás trató de que me lanzara del balcón, en vez de dejar que me atormentara con sus pensamientos, rápidamente me levanté y le dije a él, "¡Diablo, ESCRITO ESTÁ!" en el nombre de Jesús, ¡salta tú! ¡Ja, ja! Y con eso, yo sabía que lo había cayado y lo había derribado, porque no volví a escuchar ni un pito de él otra vez.

Pero honestamente, hubo un tiempo en mi vida, cuando mi mente estaba frita, siempre bajo ataque, constantemente siendo atormentado con inseguridades, el temor al fracaso, y pensamientos de rendirme. La verdad es, no pensaba que tenía mucha oportunidad de lograrlo sin Dios.

Es por esto, yo nunca dejaré de celebrar lo que yo llamo mi día de independencia. El día que yo hice la decisión de calidad (de la cual no hay un retroceder) a diariamente renovar mi mente en la

Palabra de Dios y leyendo otro material saludable. No te voy a decir que fue fácil, porque no lo fue. Pero hombre, valió más que la pena! Por cuanto hoy, no soy la misma persona que acostumbraba ser. Y la razón primordial de esta metamorfosis sobrenatural en mi vida, es por la forma en que ahora pienso y percibo la vida. Soy testigo; que tú nunca estarás deprimido ni estarás sin esperanza si estás entreteniendo pensamientos saludables y pensando en pensamientos de Dios. Así que si has sido victimizado por tus propios pensamientos y el ataque del enemigo, puedo asegurarte, que si te atreves a hacer lo que yo hice, lo mismo puede suceder contigo; porque Dios no hace acepción de personas.

Hoy, estoy tan agradecido de Dios, por lo que yo llamo una (doble porción) segunda oportunidad. Queriendo decir, que cuando fui salvo, fue mi espíritu el que nació de nuevo, o que obtuvo una segunda oportunidad... Pero mi mente aún tenía que ser renovada... cambiada...metamorfoseada.

Pero ahora que mi mente está siendo continuamente renovada y metamorfoseada a través de la Palabra de Dios y pensamientos saludables, soy un nuevo hombre. No sólo en mi espíritu, donde vine a ser una nueva criatura cuando nací de nuevo, pero también en mi mente.

Ves, he descubierto que cuando comienzas a pensar bien, hablar bien y actuar bien; buenas cosas comienzan a suceder.

Por favor escúchame, no puedes llegar más allá de tus propios pensamientos, porque, a donde va la mente, "el hombre sigue." Es por esto, es muy posible quien verdaderamente ama a Dios y tiene un nuevo corazón (a través del nuevo nacimiento) aún tiene un viejo pensar. Por esto, quiero decir una mente que no ha sido renovada por la palabra de Dios.

Es por esto que es vital para ti, que una vez has nacido de nuevo, no te detengas ahí, sigue y atrévete a tomar el próximo paso, y comienza el proceso de renovar tu mente a través de la Palabra de Dios. Esto es lo que yo llamo revistiéndote con la mente de Cristo.

¿Sabías que la Biblia nos enseña que los malos pensamientos

son la causa-raíz de una mente turbada? Considera el caso del Rey Baltasar encontrado en Daniel 5:6. *"Luego el semblante del rey cambió, y SUS PENSAMIENTOS SE LE TURBARON, así que las coyunturas de sus lomos fueron sueltas y sus rodillas daban una contra la otra."* ASÍ QUE SI ESTÁS TURBADO, coteja con tu mente, y ve sobre qué has estado pensando o entreteniendo.

POR OTRA PARTE, (Isaías 26:3) te ofrece una llave a la victoria...

Dios dijo, *"YO TE SOSTENDRÉ en perfecta y completa paz,"* (En otras palabras), Dios está diciendo, *"Esto es lo que yo haré, pero aquí está la condición".* "SI..." ¿SI QUÉ? *"Si tú haces tú parte y mantienes tu mente fijada y sostenida en mí."* Ahora, ¿qué quiere decir eso? Significa, el pensar en estas cosas. ¿Qué cosas? *Todo lo que es verdadero, todo lo honesto, todo lo justo, todo lo puro, todo lo amable, todo lo que es de buen nombre; si hay virtud alguna, si alguna alabanza, en esto pensad,* (O fija tu mente en la palabra y en sus promesas) *y el Dios de Paz estará contigo y te guardará en completa y perfecta Paz...*

La Biblia también nos enseña que un mal pensamiento, ¡puede detener tu milagro!

En 2da Reyes 5:10 y 11, leemos:

Entonces Eliseo le envió un mensajero, diciendo, Ve y lávate siete veces en el Jordán, (significa completa obediencia) *y tu carne se restaurará y serás limpio.*

"Pero Naamán se enojó, y se fue, y dijo, he aquí yo PENSABA, Él ciertamente saldrá para mí y estando en pie, e invocar el nombre del SEÑOR su Dios, y alzará su mano y tocará el lugar y sanará la lepra"...

¿No son Abana y Pharphar ríos de Damasco? ¿no son mejores que todas las aguas de Israel? ¿si me lavare en ellos, no seré también limpio? Así que volviéndose se fue enojado. Más sus criados que llegaron a él, y hablándole, le dijeron, Padre mío, ¿si el profeta te mandara alguna gran cosa, no la hicieras? Cuánto más, diciéndote, Lávate y serás limpio. Entonces descendió, (se humilló) y se sumergió siete veces en el Jordán, (siete veces habla de completa obediencia) conforme a la palabra del

varón de Dios: y (Luego) su carne se volvió como la carne de un niño y fue limpio.

Aquí vemos, que Naamán tenía una idea preconcebida, en cómo Dios debería sanarlo, pero estaba equivocado. Porque la verdad es, tú no puedes poner a Dios en un cajón. Sin embargo, si él no se hubiera humillado, cambiado de parecer y obedecido al varón de Dios, Él hubiera permanecido un leproso por el resto de su vida y nunca hubiera experimentado el milagro de la sanidad.

Escúchame, yo no puedo comenzar a decirte, cuántas veces, yo he tenido a personas entrar a nuestra iglesia con una idea preconcebida de cómo Dios está supuesto a sanarles en ese día, o realizar algún tipo de milagro especial por ellos; sólo para salir decepcionados y algunas veces hasta enojados, porque Dios, no lo hizo exactamente de la manera que ellos habían anticipado o imaginado... Así que, ¿será posible, que un mal pensamiento o idea preconcebida pueda estar deteniendo tu Milagro o tu Sanidad, tu Liberación o tu Victoria Financiera? Piénsalo, puede que tú estés, sólo a un pensamiento de tu Victoria. Si este es el caso, te sugiero, te regreses a la palabra y diligentemente procures las escrituras; hasta que encuentres por ti mismo, y sepas, que tú sabes, que sabes, lo que la Biblia tiene que decir sobre tu situación en específico; y luego posiciónate para recibir tu milagro! tu victoria, es por esto que yo siempre digo, si piensas que la educación es costosa. ¡Considera la ignorancia!

Aquí hay otro trozo rico de mi experiencia personal que yo creo qué será de gran bendición para ti. Esta revelación vino a mí, según yo estaba hablando con una amiga quien aparentaba y sonaba totalmente fuera de sí. Cuándo le pregunté si ella estaba bien, ella respondió, "Sabes qué día es hoy?" yo respondí "no," ella prosiguió, "Cuarenta años atrás en éste día, mi hermano murió, y desde entonces, para éste tiempo, yo realmente me deprimo tan sólo pensando sobre ello." ¿Sabes lo que quiero decir? Yo dije, "Sí, sé lo que quieres decir, PERO NO PERMITIRÉ QUE MI MENTE

VAYA AHÍ". El minuto en que dije eso, yo sabía que Dios me había dado otra Llave de victoria en el cómo lidiar con mis pensamientos.

Ves, antes de esta simple revelación, mi mente me llevaba a lugares que algunas veces yo encontraba muy difícil del cual regresarme. Por ejemplo, algunas veces mi mente me regresaba a oportunidades no logradas o algo del cual me lamentaba grandemente por haber hecho en mi pasado. Y poco después, me encontraba a mí mismo sumergiéndome nuevamente en un estado de depresión tan profundo que a menudo me tomaba días y algunas veces semanas para salir de ello.

En otras ocasiones, mi mente literalmente me regresaba a lugares donde había sido traicionado o abusado, tanto así, que de momento, un espíritu de ira y odio me ataba de tal manera, que por días estaba como una bomba de tiempo, listo para estallar. ¡Gracias a Dios soy Libre!

Es por esto que ahora, cuando el enemigo intenta tomar control de mí, atacando mi mente con pensamientos, que tratarían de llevarme a lugares que yo sé no debería ir. Yo inmediatamente me levanto y digo, "¡No diablo, no, no, no, NO DEJARÉ QUE MI MENTE VAYA AHÍ, EN EL NOMBRE DE JESUS!" ¡Y fuera se va! Escúchame, quiero decirte qué gran bendición ésta simple revelación ha sido para mí; y ahora, yo te la paso a ti...¡PONLO POR OBRA!

Cerrando este capítulo, déjame compartir contigo una historia sobre un hombre de la India quién encontró un bebé elefante en el campo. El hombre de alguna manera logró traer al animal de regreso a la pequeña choza donde él vivía. El luego ancló una larga estaca en la tierra, encontró una soga de 15 pies y amarró la pata del elefante a esta, para evitar que éste saliera huyendo. Por un tiempo, el bebé elefante continuamente intentó hacer precisamente esto. Pero cada vez que lo hacía, la soga alrededor de su pata lo tiraba para atrás y lo lastimaba. Así que luego de un tiempo el bebé elefante simplemente cesó sus intentos. Ahora aquí está lo increíble. Aunque éste elefante es ahora totalmente grande y tiene el poder y la habilidad de desenterrar esa pequeña estaca de la tierra con el más mínimo esfuerzo, ¡EL NO

LO HARÁ! Porque en su mente, ¡ÉL TODAVÍA PIENSA QUE NO PUEDE!

Así que sépase esto: ¡Lo que te tenía atado en el pasado, ya no puede mantenerte atado!

¡Eres ahora una persona libre y vencedora a través de Cristo Jesús!

Y yo Profetizo, que tú ahora puedes ser libre, desatado, sal fuera, penetra y conquista tu mundo ¡en el nombre de Jesús! ¡PREPÁRATE PARA UN NUEVO TÚ!

II

La Boca

Del fruto de la boca del hombre se llenará su vientre, se saciará del producto de sus labios. La muerte y la vida están en el poder de la lengua: y el que la ama comerá de sus frutos.
(Proverbios 18:20-21 KJV)

MI MÁS GRANDE REGALO DE NAVIDAD

Déjame comenzar por compartir contigo la historia del regalo más grande que me ha sido dado. El regalo fue una cinta magnética (cassette) con una enseñanza por Kenneth Copeland, titulada, "El Poder de la Lengua." ¿Te puedes imaginar en el día de Navidad, el único regalo que tú recibes de parte de tu esposa es una cinta de enseñanza? ¡Wow! Honestamente, pensé que ella estaba loca. La verdad es que me sentía bastante insultado.

Sin embargo, poco sabía, que esta cinta magnética resultaría ser el más grande regalo de Navidad que recibiría de alguien; porque la verdad es, Dios lo usó para cambiar radicalmente el curso de mi vida. Nunca se me olvidará la emoción que tenía cuando escuché el mensaje por primera vez. ¡No podía creer lo que estaba escuchando! Pensé, "¡He sabido por mucho tiempo que mi mente estaba toda turbada, pero no me había dado cuenta que era mi boca la que estaba cavando mi propia tumba!"

Toma por un instante Proverbios 18:21 donde Salomón nos enseña, que la vida y la muerte están en el poder de la lengua. Nótese, que Él no dice que la vida y la muerte están en el poder del diablo o hasta en el poder de Dios; sino en el poder de tu lengua, mi lengua.

Hombre, en todos los años de mi jornada, nadie, pero nadie me había dicho esto!

Ves, antes de ser salvo, yo había aprendido de religiones del este que la mente era la parte del hombre que poseía casi todo poder infinito. Pero según comencé a recibir vislumbre en las Escrituras tales como esto, pronto descubrí, que había una gran diferencia entre pensamientos y palabras.

Por ejemplo, cuando Dios Todopoderoso se preparó para crear Su mundo, Él no lo pensó a la existencia. Él lo hablo a la existencia… (Lee Génesis 1:1-3).

Nuevamente, nótese que él no se paró ahí, con sus ojos cerrados, y sus manos extendidas, esmerado cómo lo hacen en las "películas de Las Guerras Galácticas," tratando de alguna manera el pensarlo a la existencia. (utilizando el poder de la mente). No, no, no, él uso palabras! *"Sea la luz y fue la luz."* En un instante, yo recibí esta increíble revelación.

Tú ves, es la mente, que es el vientre o el lecho de siembra de las ideas o planes a ser concebidos. Pero son las palabras y sólo las palabras, que poseen la habilidad y el poder para crear.

Suficientemente increíble, también he descubierto, que los pensamientos tienen presencia. Oh sí lo tienen; porque tú puedes estar en un mismo cuarto con personas que realmente no se agradan unos a los otros o no se llevan entre sí; y sin decir una sola palabra, la tensión y la atmósfera puede ser tan densa, que tú literalmente puedes cortarla con un cuchillo. Y la razón por esto, es porque los pensamientos, sí tienen presencia.

Sin embargo, según ya hemos visto, son las palabras, las que poseen poder creativo.

Con razón Dios mismo nos dice… *"Yo creo el fruto de los labios…"*

(Isaías 57: 19) En otras palabras, Dios trabajará con lo material (las palabras) que tú pones en sus manos.

Déjame hacerte una pregunta. ¿Qué has estado tú diciendo con tu boca? ¿Qué tipo de material has estado poniendo en sus manos? ¿Estás feliz o complacido con los resultados? Si no lo estás, aquí hay un principio el cual cambiará tu vida que frecuentemente comparto con personas quienes están frustradas e insatisfechas con su jornada en la vida. Yo les digo, "Si no te agrada tu vida, cámbiala!" Sin falta, siempre me preguntan, ¿cómo? Luego yo siempre les reto, "¡Comienza con tus palabras!"

Ahora este cambio no sucede de la noche a la mañana. Pero piensa en esto, la locura en la cual tú puedes estar hoy, tampoco sucedió de la noche a la mañana. Confía en mí, tomará tiempo y ardua labor, pero las buenas nuevas son: ¡es posible! Y definitivamente vale la pena.

Ahora aquí hay dos escrituras primordiales Dios usó para darme esta simple revelación: (Hebreos 11:3) y (Salmos 50:19)

COMPONIENDO TU MUNDO

1. A través de la fe entendemos que el mundo fue "COMPUESTO" por la palabra de Dios. Nótese que Dios utilizó palabras para componer el mundo (Hebreos 11:3)
2. Luego en Salmos 50:19 David, el amable salmista escribió. *"Tu boca metías en mal, y tu lengua "COMPONIA" engaño."* ¡Wow! Nótese que él dice, es tu boca la que "COMPONE" engaño.

Aquí comencé a descubrir que la lengua era el instrumento usado tanto por Dios y el hombre para componer el mal o el bien, éxito o fracaso, vida o muerte, escasez o abundancia. De momento me di cuenta, todo lo que estaba sucediendo en mi vida, no sucedió por casualidad; de alguna manera u otra había sido compuesto por mis palabras. Por lo tanto, si yo esperaba que las cosas cambiarán, yo iba a tener que utilizar mis palabras para hacer algo al respecto.

Así que poco a poco, comencé a componer un nuevo mundo para mí mismo. Un ladrillo... una palabra a la vez. Un poquito aquí y un poquito allí. Y antes de un tiempo, vi mi vida ir de la muerte a la Vida, de pobreza a riqueza, de enfermedad a salud, de miseria y derrota a gozo y victoria... así que, yo soy testigo, que si te atreves a poner la Palabra por obra, la Palabra obrará con tu mundo. Ahora he aquí una verdad, que yo firmemente creo, necesita ser reforzada en tu interior. La "mente" es siempre el lugar de concepción. Es el semillero o vientre de las ideas y los planes a ser concebidos, pero es siempre "la lengua" que tiene la habilidad de componer, el crear y dar sustancia a ese plan. Así que, te lo digo nuevamente, si no te agrada tu vida, cámbiala! Ahora, en la mayoría de los casos, un nuevo vocabulario es requerido.

Primero, vamos a comenzar con la definición de locura de Albert Einstein... que básicamente dice: *"no puedes seguir haciendo y diciendo lo mismo vez tras vez y esperar obtener distintos resultados"* ¿Cierto? Bueno, eso aplica aquí también.

Así que, si quieres que las cosas cambien en tu vida, lo primero que debes hacer, es disciplinar tu boca a hablar la palabra de promesa (la palabra de Dios) en frente de toda oposición, no importando cómo luce y no importando qué se siente. (Esto se llama disciplina).

La segunda cosa es, debes aprender a enfocar o concéntrate en la PROMESA y no en el PROBLEMA... En otras palabras, ¡¡¡MANTÉN TUS OJOS EN EL PREMIO!!! ¿Y cómo haces eso? Haz lo que HEBREOS 12 dice en la Biblia Amplificada. *"Mirando A Jesús" (la promesa), y dejando a un lado todo lo que te distrairía.*

Prosigue diciendo, que Él, (Jesús) por el gozo [de obtener el premio] qué fue puesto ante Él, perduró la cruz. ¿Puedes Verlo? Debes tener algo que valga la pena frente a ti, algo que valga la pena el alcanzar, por el cual luchar, algo que en fin te traerá tal gozo; qué tú nunca, ni nunca, ni considerarías el pensar, el ceder, el rendirte o el dar por vencido, hasta que has obtenido en su totalidad el premio, y el salir caminando con la promesa...

Ahora, si haces esto, (no solo hablar de ello, sino Hacerlo!) estoy seguro, disparara tanta adrenalina en tu alma, que ningún diablo ni circunstancia podrá ser capaz de detenerte de obtener aquello en lo cual fijes tu vista... ¡WOW! ¡WOW! ¡WOW!

Tercero, habiendo hecho todo esto, ¡ponte de pie! y por fe, alaba a Dios por adelantado por la Victoria. Escúchame, no esperes que las paredes se derrumben. ¡Grita ahora! ¡Es cierto! ¡Grita ahora! y dale a Dios la gloria...Por cuanto tus paredes de Jericó están "siendo derribadas" Recuerda, ¡¡¡caminamos por fe y no por vista!!!

Ahora, aquí hay otra increíble escritura sobre el poder de la lengua, que ha jugado un inmenso papel en mi vida... *"He aquí, nosotros ponemos frenos en la boca de los caballos, para que nos obedezcan, y como resultado, giramos todo su cuerpo."* Esto simplemente estás diciendo, que en la misma manera, que un pequeño freno puede traer bajo sujeción a un gran caballo, y tornarle de ir en la dirección deseada; así también la lengua, cuando usada correctamente, hará lo mismo por nosotros"...

Santiago continúa diciendo, *"Mirad también las naves, aunque tan grande, y llevadas por impetuosos vientos, son gobernadas con un muy pequeño timón, por dónde quisiera el que la gobierna."* Ésta escritura me reveló, que aunque esta inmensa nave (que es tipo de nuestra vida y todo lo que pertenece a ella) aunque a menudo es guiada por fuertes vientos y altas mareas, aún puede ser tornado en la dirección deseada, por un muy pequeño timón, que es nuestra lengua... La pregunta es, ¿CUÁN GRANDE ES TU QUERER? ¿CUÁN ARDUAMENTE QUIERES UN CAMBIO?

¿SABES, QUE...

Dios te dio una boca para multiplicar lo que está en tu mente?

Dios te dio una boca para conquistar lo que está en tu mente?

Dios te dio una boca para que sea un arma en contra de tu mente y lo que la mente invente?

Dios te dio una boca para profetizar a los cuatro vientos y como resultado cambiar el curso de tu vida y que puedas lograr lo imposible? Ahora, ¡¡¡HAZLO EN EL NOMBRE DE JESUS!!!

Ahora yo sé, que alguno de ustedes en su situación presente pueden estar diciendo, "oh Pastor Jason, tú no sabes por lo que estoy pasando." "Yo entiendo eso, y estoy seguro qué estás pasando por mucho." Sin embargo; nunca, nunca, dejes a Dios fuera de la ecuación. ¡Nunca olvides, que con Dios todas las cosas son posibles! ¡Ahora mismo, yo creo que Dios tiene un milagro con tu nombre!

¡Escúchame! Yo soy un testigo; Dios puede tornar la barca de tu vida, porque él lo ha hecho por mí. ¡Y firmemente creo que él también lo hará por ti!

Ahora levántate, en el nombre de Jesús, y toma las riendas de tu barca, (que es tu vida).

Ve adelante y valientemente toma ese pequeño timón (que es tu lengua) y comienza a declarar y profetizar la palabra de Dios sobre tu vida y tu situación. Y no te atrevas a detenerte, hasta que hayas logrado tu nuevo destino deseado en el nombre de Jesús. Profetizo sobre ti ahora mismo. "¡Será hecho en el nombre de Jesús!"

ATRAPADO POR TUS PALABRAS

Bueno, según continué mi jornada con el Señor, Salomón comenzó a enseñarme que eran mis palabras las que me estaban entrelazando y manteniéndome cautivo y no tanto mis situaciones. En Proverbios 6:2 Él dijo. *"Enlazado eres con las palabras de tu boca, y preso con las razones de tu boca."* (KJV) La traducción ICB lo dice de esta manera. *"Puede que seas atrapado por lo que dices, puede que seas cautivo por tus propias palabras."* Ahora, ya yo sabía que yo desesperadamente necesitaba aprender cómo obtener control sobre mi boca, porque aunque yo quería, todavía no sabía exactamente cómo hacerlo. Gracioso, pero yo recuerdo la primera Víspera de

Año Nuevo después de ser salvo, justo antes que el reloj marcara las 12. Yo recuerdo diciendo, "Hoy, cuando el reloj marque las 12, Yo voy a cambiar mi vida." "Oh sí, de hoy en adelante, yo voy a hablar buenas palabras, palabras integras, palabras que edifiquen, sanen y bendigan." "Sí Señor, de hoy en adelante mi boca sólo hablará la palabra de Dios." Y yo quise decir cada palabra.

Pero increíblemente, poco después, yo me encontré incapaz de guardar mi lengua de hablar completamente lo opuesto. Así que le pregunté al Señor, ¿Por qué no puedo tener control sobre mi lengua aun cuando tengo tan grande deseo de hacerlo y agradarte a ti? Esto es lo que Jesús me dijo, "Hijo, cuando concierne el hablar Mi Palabra, el deseo solamente no es suficiente". ¿Por cuánto no dije yo en Mateo 12:34, que de la abundancia del corazón habla la boca? Es por esto que el deseo solamente no es suficiente.

Si tú verdaderamente deseas hablar mis Palabras, primero deberás aprender a bombear tu corazón lleno de ella.

Con eso, Él dijo, ¿qué piensas qué sucedería si tú llenas un gran envase plástico con agua y luego lo pisas con tus pies? ¿Qué tú crees que saldría de él? Yo respondí, aquello con que el envase esté lleno. Él respondió: "Estás en lo cierto, y no es nada diferente con tu corazón". "Es por eso que deberás diariamente bombear tu corazón con Mi Palabra, para que cuando surjan situaciones difíciles y las presiones de la vida traten de destruirte, aquello que está en tu corazón, es lo que automáticamente saldrá de tu boca sin que tú incluso pienses en ello."

¡¡¡Yo vi eso!!! Cómo es posible que esté hablando palabras de vida y palabras llenas de fe, en medio de retos y presiones de la vida, cuando mi corazón estaba lleno de mal y palabras impías? (Ahora he aquí lo que estoy hablando).

Vamos a decir que vas manejando tu carro y alguien de momento te corta en el camino y te levanta o muestra su dedo. ¡Ja! (Sabes de lo que estoy hablando). En ese mismo momento, es cuando tú descubres si tu corazón está lleno de la Palabra o de otra cosa. Porque inmediatamente, si tu corazón no está lleno de la palabra, lo que saldrá volando de tu boca no va a ser algo placentero o piadoso; y confía en mí, yo descubrí de primera mano, que toma un tiempo antes de que muchos de nosotros seamos capaces de pasar esta prueba. Así que es por esto que debemos diariamente, y sin interrupciones, alimentarnos de la Palabra y bombear nuestro corazón para llenarlo de Su Palabra. Bueno, la verdad es, una vez Él me dio la llave, Yo comencé a hacer mi mejor esfuerzo para obedecerle y no me he detenido aún.

Pero según continuó la jornada, pronto descubrí, que, el viejo dicho, " Los palos y las piedras pueden romper mis huesos, pero las palabras nunca me herirán," ¡era una gran, gran mentira!

Porque luego, en Proverbios 12:18 descubrí, que hay personas, cuyas palabras son como una espada penetrante, siempre hiriendo y cortando. Luego en Salmos 57:4, David escribió, *"Mis enemigos usan su lengua como una espada aguda."* (Para herir y cortar)

Luego, en Salmos 52:4 leemos estas increíbles palabras, tú y tu lengua de mentiras aman el herir a personas. **"¡Wow! ¡Wow! ¡Wow!"**

¿Ahora puedes verlo? "Es por esto que te ruego." Si has estado utilizando tu lengua como un instrumento cortante y destructiva, Por favor, ¡detente ahora mismo!

Por cuanto firmemente creo, que es muy posible, que muchos de los problemas inexplicables en nuestra vida, muy bien pueden ser atadas, o por la mayor parte, ser el resultado de palabras destructivas e hirientes, que hemos declarado con nuestras bocas. Ahora, sí esto es para ti. Yo ruego que lo recibas, de lo contrario, sólo ponlo a un lado.

Haz lo que Kenneth Haggin solía decir. *"Sólo come del heno y hecha a un lado la pajilla"...* En lo que me concierne, cuando yo recibí esta revelación, inmediatamente comencé a orar, "Padre, por favor perdóname por estar usando mi lengua para herir, cortar y lastimar personas". "¡Ten misericordia de mí Señor, y enséñame y apodérame a utilizar mi lengua de ahora en adelante, para edificar, sanar y librar los cautivos en el nombre de Jesús!" Firmemente te urjo a que hagas lo mismo.

LA PALABRA COMO TU COVERTURA

Próximo, quiero enseñarte cómo utilizar la palabra de Dios para cubrir y protegerte, en caso de que alguien te ha maldecido o está usando hechicería y vudú en contra tuya. Ahora si me hubieras dicho esto años atrás, hubiera pensado que estabas loco, porque yo realmente no creía en este tipo de cosas. Sin embargo, cosas cambiaron drásticamente, a través de una experiencia que yo tuve con mi hijo recién nacido Josué (Joshua).

Josué (Joshua) fue un niño recién nacido, que adoptamos de una madre adicta al crack! Así que cuando él tenía 17 días de edad, de momento se enfermó y tuvo que ser llevado de prisa al hospital. Así que después de unos cuantos días de estar ahí, y los doctores no haber encontrado lo que estaba mal. Dios en su misericordia claramente me habló y dijo, "Hijo, el problema con Josué (Joshua) no es tanto físico como lo es espiritual". Alguien en esa casa de crack ha desatado un espíritu de hechicería sobre él.

Es por esto que los doctores están en total tinieblas y no saben qué hacer. Así que si tú quieres que Josué (Joshua) sea sano, primero tendrás que atacar y derrotar esto en el espíritu, antes de que puedas obtener tu victoria. "Hombre, yo nunca antes había oído tal cosa". Así que comencé a orar y ayunar, atando y desatando en el nombre de Jesús, de acuerdo a Mateo 17:21. En este pasaje, Jesús enseña a sus discípulos, ... "este género sale sólo con ayuno y oración". Y para mí total asombro, después de unos días de estar haciendo esto, el poder del enemigo se rompió sobre él. De momento, la luz se encendió, y los doctores finalmente descubrieron lo que estaba mal con él. Como resultado, Josué (Joshua) fue sanado instantáneamente y regresó a la casa. Gracias a Dios, él ha estado bien desde entonces y presentemente en fuego para Dios…

Es por esto que ahora, cada día de mi vida, utilizo estas Escrituras como medicina preventiva y una cobertura divina sobre mi familia y mi persona en contra de las obras del diablo. Déjame ensenarte como yo lo hago. Yo simplemente abro mi boca y confieso con valentía, de acuerdo a las Palabras de Isaías 54:7, satanás, "ningún arma forjada en contra de mí, mi familia o ministerio prosperará, y no tendrá éxito" ¡en el nombre de Jesús! ¡y condeno toda lengua que se levante contra nosotros en juicio, la condeno en el nombre de Jesús! ¡Te digo estas reducida a nada y declarada inútil, digo estás comprobado el estar en equivocación y tú asignación en contra de nosotros está cancelada en el nombre poderoso de Jesús!

Y he aquí otra escritura que siempre oro con la cual cubro a mi familia y mi persona. ... (Job 5:12-14) *Diariamente, valientemente confieso, satanás, escrito está y ahora registrado. Dios frustra y decepciona tus maquinaciones, así que tus manos no pueden realizar sus astucias en contra de mí y mi familia, te digo de día te topas con tinieblas y en la mitad del día andas a tientas como de noche y todos tus planes y todas tus estrategias no son en efecto a obrar en contra de mí, mi familia y ministerio, en el nombre poderoso de Jesús. ¡Amen!*

Déjame también animarte a que diariamente clames la sangre de Jesús, sobre ti y tu familia.

¡Y recuerda! "NINGUNA ARMA."

¡Ahora he aquí otra gran revelación! Creerías si te dijera que la Biblia nos enseña, que nosotros tenemos el mismo espíritu de fe que el Rey David y el gran Apóstol Pablo? ¡oh sí! Pablo escribe, *"Nosotros teniendo el mismo espíritu de fe, de acuerdo cómo está escrito, yo creí"*, *"POR LO TANTO HE HABLADO también nosotros creemos y POR LO TANTO HABLAMOS."* (II Corintios 4:13) Aquí, Pablo está citando al Rey David, quién declara lo mismo en Salmo 116:10. Estas escrituras me han enseñado, que "la fe es ACTIVADA POR LA VOZ " Es por esto, siempre y cuando tú hables la palabra de Dios en fe, el espíritu de fe es desatado. Y cuándo el espíritu de fe es desatado e inyecta la atmósfera, ¡MILAGROS SUCEDEN!

LA HISTORIA DEL MILAGRO DE JJ

Nunca se me olvidará la historia de milagro de JJ. Yo estaba sentado solo en mi santuario orando. Cuando de momento, recibí una llamada frenética de uno de nuestros miembros quién estaba embarazada. Cuando conteste el teléfono, ella estaba llorando incontrolablemente y dijo, "Pastor, el doctor me acaba de examinar y me dijo, mi bebé está muerto en mi vientre!" Mi respuesta inflexible fue, no, "¡no vamos a recibir ese reporte malvado!" "¡Ahora mismo, vamos a orar, y a desatar nuestra fe y creerle a Dios por un milagro!".

Así que comencé profetizando a los cuatro vientos, de acuerdo a Ezequiel (37:9-10). Recuerdo profetizando *Ven de los cuatro vientos oh aliento y sopla aliento de resurrección a este bebé, en el vientre de mi hermana ahora mismo" ¡en el nombre de Jesús!*. Luego que profeticé, comencé a decir, *"gracias Jesús; gracias Jesús..."* Y dentro de unos cuantos minutos, para mi asombro, el bebé comenzó a patear dentro de ella y cobró vida. Bueno, no tengo que decirte, ¡que ambos tuvimos un arranque del Espíritu Santo! Hoy, este joven tiene 29 años de edad, fuerte como un toro y el ¡Dios Todopoderoso está haciendo grandes cosas en su vida! ¡A Dios sea toda la Gloria!

He aquí las buenas nuevas: Nuestro Dios no hace acepción de personas. Lo que Él ha hecho por mí, Él lo hará por ti, y lo que Él hará por ti, Él también lo hará por otro, si tan sólo nos atrevemos a creer. Este incidente claramente me enseñó, que cuando tú hablas la Palabra de Dios en Fe, o valientemente declaras algo, el espíritu de fe es desatado. Y una vez el espíritu de fe es desatado e invade la atmósfera, ¡MILAGROS SUCEDEN!

Ese día yo descubrí, que a menos que estés dispuesto a hacer lo ridículo, nunca vas a experimentar lo milagroso.

De hecho, he aquí la escritura que solía orar y profetizar sobre JJ:

"Y me dijo, profetiza al espíritu, profetiza, hijo de hombre, y di al espíritu, así ha dicho el Señor Dios; ven de los cuatro vientos, o espíritu, y sopla sobre estos muertos, y vivirán. Y profetice como me había mandado, y entró espíritu en ellos, y vivieron, y estuvieron sobre sus pies, un ejército grande en extremo."

ES POR ESTO QUE FIRMEMENTE CREO, QUE LA ORACIÓN, ALABANZA Y PROFECÍA; LO QUE YO LLAMO

EL PODER DE LA TRINIDAD, ES LO QUE MUCHAS VECES DESATA MILAGROS Y EL POTENCIAL SIN LIMITE DE DIOS PARA FUTURAS POSIBILIDADES EN NUESTRAS VIDAS... ¡¡¡AHORA, HAZLO!!!

FINALMENTE, HE AQUÍ ALGUNAS DE LAS ORACIONES QUE YO ORO DIARIAMENTE, QUE YO CREO BENDECIRÁN GRANDEMENTE TU VIDA Y TE SERÁN DE TREMENDA AYUDA...

1. Padre te doy gracias, que tú estás escondiéndome en lo secreto de tu presencia de la vanidad del hombre y guardándome en un pabellón secretamente de las contiendas de las lenguas en el nombre de Jesús.

2. Padre te alabo por fe por adelantado, por enseñarme a prosperar y guiándome en los mejores caminos para mi vida en el nombre de Jesús.

3. Padre, te alabo, por darme el poder, la habilidad, el conocimiento, el crédito, el favor, la sabiduría y los medios para obtener riqueza, para qué tu pacto pueda ser establecido aquí en la tierra en el nombre de Jesús.

4. Padre Celestial, te doy gracias por diariamente cargarme de beneficios.

5. Padre hoy te doy gracias, por perdonarme todas mis iniquidades, sanando todas mis enfermedades, redimiendo mi vida de destrucción, coronándome con tiernas misericordias y bondades, satisfaciendo mi boca con cosas buenas a fin de que mi juventud sea renovada como el águila, en el nombre de Jesús.

6. Dios Todopoderoso, hoy valientemente confieso, que viviré y no moriré y declararé las obras del Señor.

7. Padre, te doy gracias que con larga vida Tú me satisfaces y me muestras Tu salvación.

8. Padre te ruego, permite todo labios mentirosos que hablan con soberbia y menosprecio cosas malvadas contra nosotros,

sean silenciados, oh Dios. Permite que todos los que odian la iglesia y que procuran hacerme daño a mí y a mi familia sean confundidos y tornados atrás. Padre, permite que sean traídos a gran vergüenza y permite que sean cubiertos con su propia confusión cómo con un manto. Abba Padre, permíteles como la paja ante el viento y permite el Ángel del Señor les persiga. Permite que su camino sea de tinieblas y resbaladizo y permite que el Ángel del Señor les persiga. Padre Celestial, permite que todos cuelgan en las horcas que ellos han edificado para nosotros y que caigan en el hoyo que ellos han cavado para nosotros, y permite que sus nombres sean borrados de la memoria de una vez y para siempre en el nombre de Jesús. Padre, hoy, te alabo y te doy gracias por diariamente inundarme a mí y mi familia con beneficios y protegiéndonos de todo daño, peligros, accidentes, y cosas monstruosas en el nombre de Jesús, ¡amén!

9. He aquí una oración desatando las bendiciones de Abraham sobre mí y mi familia: "Padre escrito está, Cristo me ha redimido de la maldición de la ley quebrantada habiéndose hecho maldición por mí, por cuanto escrito está maldito es todo hombre que es colgado en el madero, a fin de que las bendiciones de Abraham vengan sobre mí, Jason Álvarez (pon tu nombre ahí) a través de Cristo Jesús, que yo pueda recibir la promesa del Espíritu a través de la fe.

Por lo tanto valientemente confieso, que las bendiciones de Abraham son mi porción. Hoy valientemente confieso, soy bendecido en mi entrada y soy bendecido en mi salida, soy bendecido en la ciudad y soy bendecido en el campo, todo en lo que ponga mis manos, Padre te doy gracias que tú causas que florezca, prospere y tenga éxito en mis manos. Te alabo Padre, que cuando mis enemigos se levantan en contra de mí, ellos son vencidos ante mi rostro. Vienen contra mí por un camino, pero huyen de delante de mí siete caminos distintos. (en total derrota).

Hoy, te alabo Padre por hacerme la cabeza y no la cola, por ponerme arriba y nunca debajo, causándome el ser remontado a lugares altos de tierra, y por guardarme como la niña de Tus ojos, sano y salvo de todo daño, peligros, accidentes, cosas monstruosas y vandalismo en el nombre de Jesús. Padre, hoy valientemente confieso, que porque las bendiciones de Abraham son mías, Tu ordenas las bendiciones sobre mí, en mi casa y tienda (Para que mis cuentas bancarias rebosen.) Te alabo Padre, que Tú ordenar las bendiciones sobre mí en todo lo que pongo mis manos (a fin de que todo lo que yo hago o en lo que me envuelvo, florece, próspera y tiene éxito). ¡Valientemente confieso, que ahora poseo el toque de oro!

Te alabo Padre, que Tú ordenas las bendiciones sobre mí en la buena tierra que Tú me has dado en el nombre de Jesús. (En DEUT 8 Dios dijo, Si me obedeces, te bendeciré con hogares que no edificaste y las viñas que no has sembrado.)

10. He aquí una poderosa oración para detener a satanás de una vez: satanás, escrito está: Dios frustra y decepciona tus maquinaciones, a fin de que tus manos no puedan realizar tus asechanzas contra mí. Te digo te encuentras en tinieblas en el día y a tientas a mitad del día así como en la noche y todos tus planes y todas tus estrategias son sin efecto a la función en contra de mí, mi familia, y mi ministerio ¡en el nombre poderoso de Jesús!

11. Finalmente, he aquí una oración, donde el Rey David, reconoció la grandeza de Dios y también deberíamos NOSOTROS... *Porque suyo, oh Dios, es la Grandeza, y el Poder, y la Gloria, y la Victoria, y la Majestad; por todo*

lo que está en los cielos y en la tierra es tuyo; Por cuanto tuyo es el Reino, oh Señor, y eres Exaltado sobre todas las cosas. Ambas riquezas y honor provienen de ti, y reinas sobre todo; y en Tu Mano está la fuerza y el poder; y en Tu Mano está el engrandecer, y el dar fuerzas a todos. Así que hoy te alabo por tu grandeza y tus maravillas ¡en el nombre de Jesús!, ¡amén!

Estados De Animo

En el Evangelio de Juan 14:27 Jesús dijo, *Mi paz os dejo, mi paz os doy; yo no os la doy como el mundo la da. No se turbe vuestro corazón, ni tenga miedo.* El Griego lee, "Deja de permitirte el ser agitado y turbado." Yo digo ¡Amen!

Un estado de ánimo es definido como un sentimiento o estado de mente temporal. Para mí, un estado de ánimo es un mover mental temporal. Esto puede tomar lugar al escuchar algo dicho, o simplemente al ver una cosa o persona específica y ¡bum!, inmediatamente nuestra síquica reacciona con un mover temporal de nuestra mente, o lo que yo llamo estado de ánimo. Ahora el cambio puede ser positivo o negativo... bueno o malo... edificante o deprimente. He descubierto, que depende primordialmente de nuestro sistema de filtración y nuestro sentir mental según se relaciona a cómo percibimos situaciones.

Me doy cuenta que algunos cambios de estado de ánimo vienen como resultado de eventos químicos en el cuerpo físico. Y también me es claro, que hay un intercambio entre nuestro cuerpo físico y mental/emocional, como, aquellas cosas que ocurren en el cuerpo físico que pueden afectar nuestro estado de ánimo y viceversa. Pero vamos a enfocarnos en el estado de ánimo según se relaciona a nuestra habilidad de controlarlos, porque esta es una verdad que todos debemos tener en claro.

Por ejemplo, si no estás acostumbrado a frenar tus pensamientos o ejercitar dominio propio cuando situaciones se presentan, tus cambios de estado de ánimo probablemente serán más frecuentes y duraran mucho más de lo que desearías. Por otro lado, si aprendes a deliberadamente ejercer autoridad sobre tu voluntad y no piensas o entretienes, y si tu escoges que quieres y no reaccionas, entonces cambios en tu estado de ánimo probablemente no serán tan frecuentes o severos; y cuando si suceden, no duraran mucho tempo. Ahora, sé que esta enseñanza puede parecer extraña. Pero no simplemente tomes mi palabra, vamos a mirar en la Biblia y ver lo que esta tiene que decir al respecto.

Por ejemplo, en (Proverbios 25:28) Salomón, el hombre más sabio que ha vivido, escribió, *"Aquél que no tiene rienda sobre su propio espíritu es como una ciudad derribada y sin muros."* Esto simplemente está diciendo, que si tú no ejercitas control sobre tu propia vida, aunque en este caso, estoy hablando sobre tus pensamientos. Eres como una ciudad sin muros. "En otras palabras, estás totalmente indefenso en contra de los ataques del enemigo." Ahora escucha esta misma escritura en la traducción del mensaje de la Biblia. "Una persona sin dominio propio es como una casa cuyas puertas y ventanas han sido derribadas.

¿Ahora, puedes ver de lo que estoy hablando? Al fin y al cabo, "no puedes permitir que tu estado de ánimo te controle", más bien, ¡tú tienes que aprender a controlarlos! de lo contrario, te volverás loco.

La verdad es, que la actitud que tú tienes, mientras estás en tu desierto, determinará cuanto tempo estarás ahí. "Si te quejas, ahí permanecerás, pero si alabas, serás levantado". ¡Tú decides!

Bueno, hablando de estados de ánimo, algo me sucedió ayer, que literalmente me puso en un estado de ánimo muy triste y deprimente, por más tiempo de lo que estoy acostumbrado…

Déjame decirte, todo iba de lo más bien. Acababa de salir del estudio de grabaciones, donde estaba trabajando en mi nuevo álbum y me sentía extremadamente feliz. Cuando de momento, una de mis secretarias entró a mi oficina y me dijo, "Pastor, Oliver, el esposo de Jean acaba de fallecer" Yo dije, ¿Qué? ¿Que acabas de decir,? ella lo repitió. Hombre, estás hablando de un cambio mental. Inmediatamente, pasé de estando en la cima de la montaña, a sucumbir en un valle profundo... así como sí. ¿Has estado ahí? Bueno, su noticia, realmente me estremeció, y debo admitir, me sentí totalmente ¡¡¡adormecido!!!

Aún una hora más tarde, yo no era capaz de sacudirlo, no importando cuanto lo intentaba. Finalmente, dos horas más tarde, mientras cenaba con mi esposa. Creo que debió haber sido muy obvio para ella, porque ella me seguía preguntando, "J", ¿estás bien? "J" ¿qué pasa? Así que finalmente le dije. Y cuando hice esto, ella muy agraciadamente expresó sus condolencias y prosiguió diligentemente a orar por mí, lo que yo grandemente agradecí...

Bueno, no fue hasta unas cuantas horas más tarde, y después de mucho esfuerzo, que finalmente pude empujar este estado depresivo fuera de mí y proseguí a disfrutar del resto de la noche. Mi punto es, no importa cuán fuerte pensemos que somos, ciertas noticias, eventos u otros encuentros generalmente juegan un gran papel en el tipo de estado de ánimo qué todos experimentamos. Ahora, la razón por la cual digo esto, es porque al día siguiente, cuando entré a mi oficina, uno de mis trabajadores vino donde mí y me dijo, "Pastor, después de haber escuchado las noticias sobre Oliver ayer, me sentí tan deprimido que apenas pude dormir en toda la noche." "Lo siento, es por lo que me siento tan cansado hoy". Inmediatamente pensé: "hombre, SI YO NO HUBIESE LUCHADO" y empujado esto fuera de mí cuando lo hice, estoy seguro, que la noticia sobre Oliver, me hubieran dañado, no solamente mi cena, sino también mi noche entera, así como lo había hecho para él... en aquel mismo instante, escuche al Señor decirme, hijo; aprende de esto, por cuanto la vida es muy corta y muy preciosa para permitirte el estar perturbado todo el tiempo! recuerda, ¡¡¡eres Libre!!!

Es por esto estoy convencido, que dónde va la mente, las emociones, y por último, el hombre seguirá. Y a menos que nos levantemos y tomemos control sobre nuestro pensamiento y emociones, estos tomarán control de nosotros.

Es por eso que frecuentemente me hago estas preguntas,

1. ¿Vale la pena el deprimirme o el perder mi paz sobre esta noticia o situación?
2. ¿Qué bien me hará, el perder el sueño sobre algo que está totalmente fuera de mi control o alcance?
3. ¿Por qué debería permitir que me deje inundar con algo por el cual no puedo hacer nada al respecto?
4. O "J", ¿por qué no simplemente hechas esta carga sobre Dios y sigues adelante con tu Vida?

Porque la verdad es, nada, absolutamente nada vale la pena el que tú y yo perdamos nuestra paz o victoria. ¿Y no es esto exactamente lo que Jesús nos instruyó en Juan 14: 27?

El mensaje es claro, especialmente cuando tú lo lees de la versión amplificada, donde Jesús dijo, "Paz Yo dejo contigo; Mi (propia) paz ahora les dejo y doy". "No cómo el mundo la da yo la doy. No permitas que se turbe tu corazón, ni tenga miedo".

"Nótese, está paz es nuestra herencia. Por cuanto Jesús nos ha dejado y dado Su paz. Sin embargo, está totalmente de nosotros, el protegerla, el sostenerla y no permitir que nada ni nadie nos las quite. ¿Por qué?, porque el enemigo sabe, si puede robar tu paz, ¡él tomará tu victoria y robara tu gozo!

Próximo, Jesús dice, "Deja de permitirte a ti mismo el ser agitado y perturbado."

Así que, no importa lo que está sucediendo en nuestras vidas, el Señor espera que nosotros totalmente nos paremos en contra del enemigo y no "EL PERMITIRNOS A NOSOTROS MISMOS" el ser agitado y perturbados. Esto me dice, nosotros estamos a cargo. Nosotros estamos en control. Pero si no aprendes a enfrentar al diablo y utilizar la autoridad que Cristo Jesús te ha dado en Su nombre, entonces, el enemigo te detendrá caminando sobre agujas y alfileres, siempre agitado, siempre perturbado y asustado sobre una cosa u otra; pero eso no es todo. Por cuanto Jesús va más profundo y dice, "No te permitas a ti mismo el ser temeroso, intimidado, acobardado e inestable." En otras palabras, lo que nosotros permitimos, es lo que Él permitirá. Esto es también lo que yo creo que el Señor quiso decir cuando Él dijo, "Lo que atares en la tierra, será atado en los cielos y lo que desatares en la tierra, será desatado en el cielo." El testamento de las Buenas Nuevas lo pone de esta manera, Y así que les digo a todos: "lo que tú prohíbes en la tierra será prohibido en el cielo, y lo que tú permites en la tierra será permitido en el cielo". ¿Puedes verlo? ¡¡¡Ahora hazlo!!!

UNA VISIÓN

Es por esto, nunca se me olvidará la visión que Kenneth Hagin tuvo una vez. Él dijo, Jesús se le apareció y comenzó a hablarle sobre algunas cosas muy importantes, cuando de repente, un demonio salió de la nada, se puso entre el Señor y él y comenzó a gritar a alta voz. Bueno, fue a tan alta voz que el hermano Hagin ya no pudo escuchar a Jesús hablando. Hagin dijo, estaba tan sorprendido por el hecho de que éste demonio fuese capaz de hacer esto, y aún más sorprendido por el hecho de que Jesús no estaba haciendo nada al respecto, él dijo, me volví más y más frustrado, hasta que, simplemente no pude soportarlo más. De repente, yo comencé a gritar y a reprender el demonio voz en cuello, ordenándole, "¡espíritu malvado, te ordeno en el nombre de Jesús de Nazaret el que te salgas del camino ahora mismo, y no vuelvas más en el nombre de Jesús!" Y para mi gran sorpresa, el demonio me miró con grandes ojos tristes y dijo, 'Bien, bien, me voy si así tú lo dices,' y con esto salió huyendo de la casa como uno en terror, así como dice la Biblia. "Hombre, no lo podía creer". Así que con eso, le pregunte al Señor, Señor, ¿porqué no hiciste algo con respecto al demonio? ¿Por qué le permitiste el interferir y ponerse entre nosotros así? El Señor entonces estremeció mi teología diciendo, "Hijo, si tú no hubieras hecho algo al respecto, yo no hubiera podido".

Así que le pregunté, ¿porqué? Tú eres Dios Todopoderoso. Tú eres el Salvador resucitado. Tú eres el Rey de Reyes. ¿Por qué no podías haber hecho algo al respecto?' Él me dijo: "porque yo te he dado a ti, (la Iglesia), la autoridad para echar fuera demonios en mi nombre y en mi lugar". "Así que si tú no lo hubieras hecho, yo no podría haberlo hecho por ti".

¡Wow! ¡Wow! ¡Wow! ¿Puedes verlo ahora? De esto aprendí, que el diablo puede llegar tan sólo hasta donde tú le permitas. ¿Porqué? ¡Porque tú estás en control!

La atmósfera y el estado de ánimo van mano a mano.

Ahora, aquí hay otra cosa que he descubierto concerniente al estado de ánimo, y esto es, la atmósfera y el estado de ánimo van mano a mano. "Oh sí" estoy convencido, que la atmósfera en la cual navegas y creas alrededor de ti afectará grandemente tu estado de ánimo. Por ejemplo, me acuerdo cuando la oficina de mi secretaria que era el único medio para llegar a la mía, era muy inatractiva y definitivamente no conducía a una atmósfera saludable o creativa. La verdad es, odiaba el tener que pasar a través de ahí. Así que un día, yo decidí, tenerla remodelada. Y hombre, ¡la diferencia fue como de la noche a la mañana! Tanto así, que ahora, cuando entro a esa oficina, soy edificado, feliz de estar ahí, y muchas veces, soy inspirado.

Una vez escuché a alguien decir, la atmósfera que tú creas determina lo que vive o muere en ti. Hombre, estoy de acuerdo! No es de extrañar que El Cielo es un lugar tan increíble. Piénsalo. El Todopoderoso no se sienta en una banca de madera para gobernar el universo. No, Él se sienta en un trono glorioso! El no camina en las calles hechas de tierra, sino en calles pavimentadas con oro. Las paredes en El Cielo no son hechas de sheetrock, sino de piedras y joyas preciosas. No es de extrañar, el por qué la atmósfera Celestial es completamente infundida y maravillosamente decorada con cosas bellas y sobrecogedoras.

Estás contento, Jesús no dijo, "En la Casa de mi Padre hay muchas chozas de ghetto, y voy pues para construir una especial sólo para ti". ¡No, un millón de veces no! En vez, con entusiasmo le informó a sus discípulos y a nosotros, "En la casa de mi Padre muchas mansiones hay y una de ellas, tiene tu nombre en ella." Así que, sí amigo mío, ¡la atmósfera importa!

He venido a ver que la atmósfera indicada es vital para nuestras experiencias y existencia. Firmemente creo que es uno de los vehículos primordiales que Dios utiliza para llevarnos a la tierra de inspiración divina y al mundo de la creatividad sobrenatural.

Toma la iglesia por ejemplo. ¿Porque tú crees que tenemos adoración y alabanza en un servicio? La respuesta es simple, para crear una atmósfera conduciva para Dios manifestarse a Sí mismo y hacer señales y maravillas.

Quiero ser muy cuidadoso en cómo digo esto, pero yo creo que la música, pone a Dios en un buen estado de ánimo...ja ja. ¿Y no quieres tú ponerle a Él en un buen estado de ánimo? Estoy seguro, que la respuesta es "sí y amén!"

En Salmos 22:3 vemos cuán importante es para nosotros el crear la atmósfera adecuada para Dios Todopoderoso fijar su trono en medio nuestro y manifestar Su gloria. *"Pero Tú eres Santo, o Tú quién mora en [el lugar Santo donde] las alabanzas de Israel son ofrecidas."*

Piensa en el lugar de trabajo. Yo personalmente creo, que antes que el aliento de inspiración pueda comenzar a fluir y engendrar a la persona más creativa y productiva que uno pueda ser, la atmósfera apropiada debe ser creada, aún en el ambiente laboral.

¿Y qué de las relaciones? Vamos a mirarlo del lado negativo. ¿Qué tipo de atmósfera piensas tú qué es creada por contiendas y divisiones? Estas crean una tensa y difícil atmósfera que algunas veces se siente como que literalmente se puede cortar con un cuchillo.

He descubierto, este es el tipo de atmósfera donde cosas malas crecen y cosas buenas mueren. Yo lo llamó el lugar de nacimiento para actividades demoníacas.

El estado de ánimo creado aquí es hostil, sin esperanza y deprimente, frecuentemente creando el tipo de atmósfera que es conducivo para espíritus malvados a manifestarse a sí mismo y hacer de la vida un infierno en vida. Confía en mí, he estado ahí, ¡he hecho eso! Y déjame añadir, ¡¡¡HE VENCIDO ESO!!! Por ejemplo, yo recuerdo un tiempo, muchos años atrás, cuando yo me despertaba en un estado de ánimo excelente, sólo para encontrarme unos minutos más tarde, caminando dentro una zona de guerra conocida como mi cocina.

Ahí, entre otros lugares, la atmósfera algunas veces se tornaba tan cargada con contienda, que en sólo unos cuantos momentos, mi esposa y yo nos encontrábamos en un concurso de tirar piedras, y desgarrándonos el uno al otro como animales salvajes con palabras maliciosas y destructivas. Pablo nos habla sobre esta misma situación, escribiendo, "*Si continúan lastimándose el uno al otro y desgarrándose, ten cuidado, o se destruirán completamente el uno al otro.*" (Gálatas 5:15) ¿No es eso la verdad? Bueno no hace falta decir. Después de estas luchas, por el resto del día, yo luchaba grandemente sólo para mantener mi cabeza sobre el agua. Honestamente, solo se sentía, como si tuviera una nube negra constantemente colgada sobre mi cabeza y una mano invisible alrededor de mi cuello tratando de sofocarme. Gracias a Dios, esos días se han ido para siempre y ahora mi esposa y yo estamos experimentando "el cielo en la tierra." ¡Pero esos días no fueron fáciles! (Estaré compartiendo más sobre esto cuando lleguemos a los caramelos del matrimonio). Ahora aquí están las buenas nuevas. Si te atreves a poner en práctica lo que estoy compartiendo contigo en este libro, yo creo que con el tiempo, tú también experimentarás los mismos resultados, si no mejor, por cuanto Dios no hace acepción de personas…

Déjame decirlo otra vez, por cuanto esta es una verdad que todos debemos tener en claro y bajo de nuestro cinto. Si tú no estás acostumbrado a sujetar tus pensamientos o ejercitando dominio propio cuando situaciones se presentan, tus cambios de estado de ánimo probablemente serán más frecuente y perduraran mucho más de lo que tú puedas desear. Por otra parte, si tú aprendes a ejercitar deliberadamente tu autoridad sobre lo que debes o no debes pensar y entretener, y si tú escoges las emociones a las que reaccionaras o no, entonces tú cambios de estado de ánimo probablemente no serán tan frecuentes o severos. Y cuando esto sí ocurren, no durarán tanto tiempo. Recuerda, ¡tú estás en control y no tus sentimientos! Ahora mismo, yo profetizo, que cambio viene hacía ti. No temas. ¡Lo mejor está por venir!

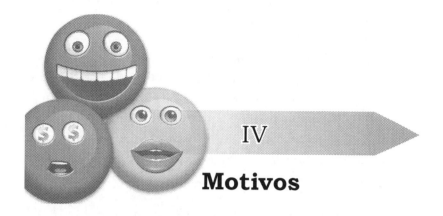

Motivos

*Por cuanto todos debemos comparecer y ser revelados cómo
somos ante el trono de Juicio de Cristo, a fin de que cada
uno reciba [su paga] de acuerdo a lo que ha realizado en
el cuerpo, sea bueno o malo [considerando lo que ha sido
su motivo y propósito, y lo que ha logrado, ocupándose de,
y dado de sí mismo y su atención al cumplimiento]*
(2da.COR 5:10 EN LA BIBLIA AMPLIFICADA)

He aquí mi definición de motivos: ¡Porqué haces lo que haces!

La razón por la cual siento la impresión a escribir un pequeño capítulo sobre el tema de motivos es, porque sobre el curso de los años, los míos no siempre han sido los correctos. Y como resultado, he perdido mucho tiempo preciado, conformándome con unas cuantas migajas, o unos cuantos momentos de vanagloria, (la alabanza y aprobación de los hombres) cuando todo el tiempo, pude haber tenido todo el pan y la alabanza del Padre.

He aprendido, que ante la vista de Dios, no es tanto LO QUE TÚ HACES lo que cuenta, sino el PORQUÉ HACES LO QUE HACES. En otras palabras, tus motivos y no tus acciones son primordialmente lo que Dios está mirando y juzgando. ¡Por cuanto escrito está! "el hombre mira la apariencia externa, pero Dios está mirando y examinando los motivos del corazón".

(1ra. Samuel 16:7)

No es de extrañar, ¿porqué tan pocas personas así como ministros ganan la aprobación de Dios? Sólo puedo hablar de mí mismo, pero la verdad es, recuerdo queriendo estar en el ministerio por todas las razones equivocadas, por cuanto en aquel tiempo, yo realmente no amaba al pueblo de Dios; me amaba a mí mismo. En realidad no tenía su mejor interés de corazón; tenía mi propia agenda, simplemente porque mi corazón no estaba bien.

UNA HISTORIA DE MOTIVOS IMPUROS

Honestamente, hasta el día de hoy, puedo recordar vívidamente siendo el líder de adoración de esta iglesia grande, en Staten Island NY, donde Dios estaba derramando poderosamente de su Espíritu. Triste, pero todavía me puedo ver sentado ahí en la fila del frente con el resto de los tales llamados líderes, sonriendo, actuando como si estuviese disfrutando del servicio y estaba conectado con el pastor y sobre lo que estaba predicando, cuando todo el tiempo, (EN MI CORAZÓN) yo estaba realmente deseando que el matrimonio del pastor finalmente se derrumbara, o que algo drásticamente sucediera, para que posiblemente, pudiera yo tomar cargo de la iglesia.

Puede que digas, "¡Hombre, eso es cruel!" Yo sé, pero ese es quien yo era en mi interior. Esos eran los verdaderos motivos de mi corazón. ¿Ves de lo que estoy hablando? Y sin embargo, yo estaba tan auto-engañado, que realmente pensaba, "yo puedo salirme con esto y de alguna manera, continuar experimentando las bendiciones de Dios en mi vida". Así no eres feliz, que bueno que nuestro Dios es paciente y tolerante. ¡¡¡Hoy yo sí lo soy!!!

Suficientemente sorprendente, la revelación de esta falta de carácter tan seria en mi vida, nunca se hizo real a mí hasta después que comencé a pastorear por mí mismo.

LA PEQUEÑA DONNA

Este incidente del cual voy a compartir con ustedes es justamente tan vívido para mí hoy como lo fue cuando primero sucedió 30 años atrás. Me acuerdo el servicio acababa de culminar, y yo estaba rodeado como de 20 o 30 personas. Cuando alguien dijo, "Pastor, hoy es el cumpleaños de la pequeña Donna." Así que me doblegué en una rodilla y extendí mis brazos deseando que ella viniera corriendo hacia mí. La verdad es, que en mi corazón, realmente no estaba interesado en aquella pequeña niña del todo.

¡Era sólo un espectáculo, poco más que una sesión de fotos! Por cuanto todo lo que procuraba, era la alabanza y afirmación de las personas que estaban ahí. Así que cuando veía una oportunidad que me haría lucir bien en frente de todos ellos, la tomaba. ¡Cuán torcido es eso!

Pero para mi vergüenza, justo tal como lo había esperado, la pequeña Donna vino corriendo derecho a mis brazos con una gran sonrisa en su rostro. Hombre, yo sabía que había bateado un cuadrangular con esas personas, porque según miré alrededor, todos resplandecían con gozo de oreja a oreja y decían unos a los otros, "mira a nuestro pastor", ¡es un pastor maravilloso! ¡Wow!

Luego de momento, Dios Todopoderoso me habló y dijo, "¡hijo, eres tan hipócrita!", yo estaba totalmente sorprendido. Por cuanto no fue hombre, sino fue el Señor mismo quien me había desenmascarado. De repente, mi gozo se tornó en una tristeza profunda, y el temor de Dios me tenía temblando de pies a cabeza. En un instante, vi cuán torcido me había vuelto en mi interior, y cuán bajo estaba dispuesto a llegar, sólo para obtener la aprobación y la alabanza de las personas.

¡Esto es una locura! Antes de que fuese salvo, el tipo de persona que más me desanimaba, eran los hipócritas. Y ahora, yo me había vuelto tal como uno de ellos. Ahora no me malentiendas, porque la verdad es, aún hay un poco... o mucho... de hipocresía en todos nosotros. Sin embargo, ¡hay esperanza! Y yo soy un testigo viviente, que si nos humillamos, y le pedimos a Dios por ayuda. día a día, paso a paso y poco a poco, Él nos liberará y nos limpiará de todo tipo de mal y motivos impuros y no tendrá en cuenta nada en contra nuestra.

Bueno, aquel día, yo aprendí de primera mano, que puede que tomes ventaja sobre las personas, pero tú nunca, te saldrás con la tuya con Dios. ¿Te acuerdas lo que Él le dijo al profeta Samuel en (1 Samuel 16:6-7) cuando él estaba buscando un rey en el hogar de Jesse?

Y aconteció, cuando ellos (los hijos de Jesse) vinieron, él (Samuel) miró a Eliab, (el primer hijo nacido de Jesse) y dijo, de cierto delante de Jehová está el ungido del Señor. Pero el Señor respondió a Samuel, no mires a su parecer, ni a lo grande de su estatura; porque yo lo rechazo o desecho: POR CUANTO EL SEÑOR NO VE LO QUE EL HOMBRE VE; PUES EL HOMBRE MIRA LA APARIENCIA EXTERIOR, PERO EL SEÑOR MIRA EL CORAZON...

Luego nuevamente en Hebreos 4:13 leemos, "*Todas las cosas* (no algunas) *sino todas las cosas, son desnudas y abierta a los ojos de aquel a quién tenemos que dar cuenta.*"

Estoy convencido, que motivos son uno de los asuntos primordiales y fuerzas propulsoras del corazón humano. Y además, yo creo, motivos puros en particular, es alimento de Dios. Significando, El gozosamente se alimenta de esto y toma gran placer en ello. Con razón, David, el dulce salmista escribió:

"*He aquí, tú amas la verdad o motivos puros en lo íntimo: y en lo secreto me has hecho comprender sabiduría. Purifícame con hisopo, y seré limpio: lávame, y seré más blanco que la nieve*". (Salmos 51:6-7)

Y luego, en el evangelio de Juan 15:1-2, Jesús mismo nos enseñó:

"*Yo soy la vid verdadera, y mi Padre es el labrador. Todo pámpano que en mí no lleva fruto lo quitará: y todo pámpano qué lleva fruto, LO LIMPIARA, para que LLEVE MAS FRUTO.*"

Si yo he aprendido algo, después de todos estos años caminando con Dios, es, que no hay nada más bello y a la misma vez, nada más doloroso en la vida de un individuo que cuando Dios comienza a tratar y a limpiar sus motivos. ¡Doloroso! porque una unción mayor siempre te costará una libra de carne. ¡Bello! porque nada, pero nada, trae más gozo al corazón del Padre, que un corazón puro. Con razón, en Su sermón de las Bienaventuranzas, Jesús enseñó, "Bendecidos los de Puro Corazón, por cuanto ellos verán a Dios."

Aquí hay otra escritura a lo largo de esta misma línea que yo amo: *"La hija del Rey (que es la Iglesia Universal) ES DEL TODO GLORIOSA: (nótese, DEL TODO) Su vestimenta es de oro forjado. (Hablando de una persona quién está convirtiéndose en un participante de la naturaleza Divina de Dios, literalmente, siendo revestida con ella) Ella será traída ante el Rey en vestimenta de costura: (Esto es el bello proceso de la Palabra de Dios obrando dentro y fuera de nuestras vidas por la Presencia, Persona y Poder del Precioso Espíritu Santo) las vírgenes, y sus acompañantes que la siguen (quiénes ellas han ganado, discipulado y entrenado) "serán traídos ante ti."* ¿CUÁN BELLO ES ESO?

Con razón, en Salmos 139:23 y 24 (AMP), David le suplicó a Dios diciendo, *"Examíname [detalladamente], oh Dios, y conoce mi corazón, pruébame Padre, ¡y conoce mis pensamientos!*

Y ve si hay en mí camino de perversidad, y guíame en tus eternos caminos."

Ahora nótese lo que Jesús le dijo a los líderes religiosos de su época.

"Ay de vosotros, escribas y fariseos, pretendientes (¡hipócritas!) porque comen las casas de las viudas y por pretexto hacéis larga oración; por eso llevaréis la más grande condenación y el grave juicio". (Mateo 23:14 AMP)

¡Wow! Ellos pensaron que habían engañado a JESÚS escondiéndose tras de la máscara teatral que la Biblia llama hipocresía y engañaban a todo el mundo, pero ellos estaban equivocados, PORQUE ELLOS NO PUDIERON ENGAÑAR A JESÚS Y TAMPOCO PUEDES TÚ!

RECUERDA, "Toda cosa (no algunas) sino toda cosa, son desnudas y abiertas ante los ojos de aquel con el cual tenemos que tratar."

Nuevamente, en el Sermón del Monte, el Señor también se

dirige a este tema. ¿Porqué? Porque este tema era muy querido en su corazón.

Escucha su corazón. *Mirad que no hagáis vuestra justicia delante de los hombres, para ser visto de ellos: de lo contrario no tendrás recompensa de tu Padre que está en los cielos. Pues, cuando haces vuestras dádivas, no hagas sonar la trompeta delante de ti, como los hipócritas lo hacen en las sinagogas y en las calles, que ellos puedan obtener la gloria de los hombres. De cierto te digo, ya han recibido su recompensa.* (Mateo 6:1-2)

Nótese, que todo lo que ellos hicieron en público, ellos lo hicieron para ganar la aprobación y las alabanzas del pueblo, mientras tanto ignorando a Dios. Nuevamente, vemos que ellos estaban dispuestos a conformarse con unas cuantas migajas o unos cuantos momentos de vanagloria (las alabanzas y aprobación de los hombres) cuando ellos pudieron haber obtenido todo el pan y las alabanzas del Padre.

Ahora escucha lo que Job tenía que decir sobre la inutilidad de la hipocresía: *"¡Sépase!"* (¿Qué?)... *"Sépase que el triunfo de los malvados es corto, el gozo de los hipócritas es sólo por un momento"*. ¡WOW! Esto me enseñó, que no hay fruto, gozo o victoria perdurable en la vida de un hipócrita. ¿Porqué? Por cuanto con el tiempo, tus pecados te encontrarán... Ahora cuando el Señor me reveló estos secretos, he aquí lo que yo hice, y tú puedes hacer lo mismo. Primero que todo, me arrepentí y le pedí a Dios que me perdonará. Luego, le peticioné a Él que creara en mí un corazón limpio y que renaciera un espíritu recto dentro de mí. Finalmente, le pedí a Él que tuviera misericordia de mí y limpiara mis motivos. Porque confía en mí; aún como un cristiano firme tú vas a tener que tener tus motivos limpiados continuamente, si tú vas a vivir el tipo de vida victoriosa y fructífera que es agradable a Dios y que le trae a Él la gloria.

He aquí la advertencia: necesitas saber, que este proceso, es un proceso continuo, y no terminará hasta el día en que veamos a Jesús. La verdad es, que tú probablemente pasarás por esto vez tras vez, según el Espíritu Santo obra para purificar tu corazón por etapas, más bien como una cebolla o una alcachofa. ¡Así que sé de buen ánimo mi amigo y ten corazón! Porque estoy confiado, que la buena obra, que Él ha comenzado en nosotros, Él la completará, en el nombre de Jesús...Padre Celestial, líbranos de la hipocresía deliberada y la falsedad y crea en nosotros un corazón limpio, y renace un espíritu recto dentro de nosotros, en el nombre de Jesús. ¡Amén!

Dinero

Isaac sembró en aquella tierra, y cosechó el mismo año ciento por uno: (o 100 veces más) porque el Señor le bendijo. Isaac comenzó a prosperar y continuó prosperando hasta que se volvió muy rico.
(Génesis 26:12)

Déjame comenzar este capítulo con una mal citación d la escritura, por cuanto eso es lo que tantas personas hacen. Ellos dicen, "la Biblia dice, el dinero es la raíz de todo mal" ¡Incorrecto! Eso no es lo que la escritura enseña. Pero lo que la Biblia si nos enseña es, "el amor al dinero...(NO EL DINERO) Sino EL AMOR AL DINERO...Es la RAÍZ de todo mal." (1 Timoteo 6:10)

¿Lo crees, si yo les dijera, que la falta de dinero, muchas veces es más devastador que el amor al dinero?

¿Estás consciente de que más matrimonios se divorciarán este año por falta de dinero, que por el amor al dinero?

¿Estás consciente de que más Iglesias cerrarán sus puertas este año por falta de dinero, que por el amor al dinero?

¿Estás consciente de que más niños morirán de hambre este año por falta de dinero, que por el amor al dinero?

Cuando el Señor me enseñó esto, yo inmediatamente vi que dinero, de por sí mismo no es malo. Es sólo el asunto de quien lo está manejando. También aprendí, que el dinero hace un terrible Dios, pero un buen siervo... Por ejemplo, si tú le das dinero a un hombre bueno, él lo más probable terminará haciendo algún bien con él. Por el contrario, si tú le das dinero a un manejador de drogas, él probablemente terminará haciendo algún mal con él. Nuevamente, el asunto es quién está manejando el dinero. Sin embargo, de por sí mismo, el dinero no tiene mente ni moral.

Déjame decirte algo más que yo aprendí de primera mano sobre el dinero... el dinero no puede comprarte amor, como dice la canción... o amistades o lealtad o aún felicidad y por cierto, no puede comprar tu salvación. Por cuanto yo sé de muchas personas que tienen bastante dinero, pero la verdad es, que ellos no son felices.

Por otra parte, yo soy testigo, que el dinero puede ser una gran bendición. Por cuanto si se maneja correctamente, puede suplir muchas y muchas necesidades y hacer mucho pero mucho bien.

También he descubierto, que el dinero nunca podrá avivar o totalmente satisfacer el vacío en tu corazón, no importando cuánto dinero tú tengas. Sólo Jesús y relaciones saludables pueden. Es por esto por lo que yo le digo a todo el que conozco que soy rico, y la razón por la cual soy rico, no es solamente porque yo tengo bastante dinero, sino principalmente debido a las relaciones sorprendentes que yo tengo y disfruto alrededor del mundo y porque yo sé que yo sé que soy salvo.

UN POCO DE MI HISTORIA

Permíteme compartir contigo un poco de mi historia. ¿Sabías, qué hubo un tiempo cuando yo era muy famoso? Oh sí, por si tú no lo sabías, mi voz era la voz dorada en la exitosa canción "Shame, Shame, Shame" a principios de los años setenta, que encabezó el primer lugar en las tablas carteleras tanto aquí y como en el exterior y se vendieron millones de grabaciones.

Así que como resultado, durante este periodo de mi vida, dinero, mujeres y fama estaban todos a la voz de mi llamado.

Y sin embargo, con todo esto, mi corazón nunca había estado tan vacío, y nunca me había sentido más solo. ¿Podrías creerme si yo te dijera que hasta sentí el vacío en medio de las grandes multitudes? Y por grandes multitudes yo estoy hablando de decenas de miles de fans. Ahí fue cuando yo descubrí, que la soledad, en realidad no tenía nada que ver con otros y sí todo que ver conmigo mismo. La verdad es, que aunque yo era famoso, y financieramente estaba muy bien, yo era un hombre bastante miserable. Pero no fue hasta que fuimos en nuestra gira Europea, que las cosas realmente se giraron fuera de control. Déjame decirte, yo recuerdo, sentado en el piso de un ático (penthouse) en un hotel de Londres con el compañero compositor, Scott English. Quién en aquel entonces había escrito muchos grandes éxitos, incluyendo una de mis favoritas de todo tiempo, "Under the Boardwalk…" bueno, Su canción, "Brandy" había escalado a la número dos en las carteleras. (Luego sería regrabada por Barry Manilow como "Mandy".) Mientras que mi canción, "Shame, Shame, Shame" había reclamado la posición número uno… Todavía puedo recordar estando sentado en el piso con él, pasando un cigarrillo de marihuana de uno al otro. Cuando de momento, él me hizo una pregunta que "CAMBIARIA MI VIDA POR SIEMPRE". "Hombre, ES ÉSTO TODO LO QUE HAY EN LA VIDA?" ¡Wow! Esa pregunta me hizo comenzar a pensar. Por cuanto aquí estábamos. Yo tenía la grabación de éxito número uno en Londres y Scott tenía la número dos, pero en lo más profundo de ambos, sabíamos que algo faltaba.

SABIAMOS QUE HABÍA MÁS EN LA VIDA. Sólo que no sabíamos lo que era…

En aquel momento, me di cuenta, que había un gran, gran hueco en mi corazón, que nada que yo había logrado o experimentado hasta aquel momento, podía satisfacer o llenar… ni dinero, ni fama, ni aún mujeres o drogas… nada. Hombre, yo te estoy diciendo, inmediatamente, el espíritu de desesperación comenzó a pisar mis talones, y yo me encontré sumergiéndome profundamente en un estado de depresión y entreteniendo sin cuidado pensamientos de suicidio. Wow, esos pensamientos venían a mi más rápido que balas de metralleta. Aquel día, nunca se me olvidará mientras viva. Por cuanto ese fue el día, yo comencé a pensar sobre el tomar mi propia vida. Hasta escribí una carta suicida, que todavía tengo.

Así que para la mañana siguiente, yo comencé a contemplar seriamente el saltar fuera de una inmensa ventana en el ático (penthouse) y simplemente ponerle fin a todo. Pero justamente cuando estaba listo para saltar, de momento me chocó: "hombre, eso es un largo, largo camino hacia abajo, y si yo salto por esta ventana, y con mi suerte, solo me vuelvo todo inútil y no muero, entonces mi vida sería un lío aún mayor." Así que decidí esperar hasta que regresara a América y luego sí me mataría, pero no de tal forma violenta... Todo lo que yo puedo decir es, Gracias a Dios por su intervención sobrenatural. Por cuanto no mucho tiempo después de eso, es cuando yo conocí a mi Salvador Jesucristo, y en un instante, mi búsqueda de mucho tiempo, llegó a su fin y yo nací de nuevo.

Así que sí, mi amigo, yo sé de primera mano, que el dinero puede comprarte mucho y muchas cosas buenas, y suplir muchas y muchas de tus necesidades, porque yo tenía todo eso y más, pero yo encontré que el dinero de por sí sólo, no puede avivar, ni tampoco llegar cerca a satisfacer los deseos de tu corazón. Sólo Jesús y las relaciones saludables pueden...

¡SÉPASE ESTO, LA FALTA DE CONOCIMIENTO TE COSTARÁ!

Yo puedo recordar muchas veces, aún después de que pasé a ser Cristiano, cuando mi familia y yo ayunábamos, no porque queríamos hacerlo, sino porque no teníamos dinero para alimentos. ¡Ahora, eso es lo que yo llamo viviendo de la mano a la boca! Aún recuerdo la noche cuando una joven madre y su pequeño bebé se aparecieron a mi casa, pidiéndonos que le ayudáramos a comprar leche y pañales para su bebé. ¿Tú puedes creer, pero estábamos tan quebrados, que luego de buscar por toda la casa, lo que pudimos encontrar, fue un poco más de un dólar? No es de extrañar que la gente pobre nos llamaba pobres.

Así que le dimos todo el poco de dinero que pudimos encontrar y oramos fervientemente por ella y su bebé. Desafortunadamente, eso fue lo mejor que pudimos hacer aquella noche. No hace falta decir, de esa noche en adelante, yo nunca miraría el dinero de la misma manera. Fue entonces cuando se me ocurrió, que si íbamos a ayudar a las personas y cumplir el llamado sobre nuestra vida y nuestro ministerio, necesitaríamos dinero; y mucho de éste, por cuanto teníamos grandes sueños... Sin embargo, a pesar de que continuamente seguíamos lidiando con nuestras finanzas, seguimos sirviendo a Dios a lo mejor de nuestras habilidades, y creyendo que de alguna manera, que Él prepararía un camino para nosotros y gracias a Dios, así lo hizo...

POTENCIAL DE LA SEMILLA

Luego una noche gloriosa, oí el gran T.L. Osborn enseñar sobre el tema del potencial de la semilla! Hombre, nunca, antes había escuchado algo como esto antes. Te digo, eso fue definitivamente un momento marcante en mi vida. Desde entonces, he aprendido mucho sobre el principio de sembrando y cosechando o lo que T. L. Osborn llamó "El Potencial de la Semilla." Así que permíteme compartir contigo algunas de esas verdades y algunos de los sorprendentes testimonios que he experimentado.

Para comenzar, nunca supe que podía sembrar mi propio dinero como semilla, de la misma manera que un sembrador pone sus semillas en la tierra para el crecimiento de una cosecha futura. Puede que tú digas, "sí, yo sé todo eso". Bueno yo no lo sabía, y como resultado, el diablo me tenía viviendo de mano en boca, o como Oseas 4:6 enseña, yo estaba siendo destruido por falta de conocimiento.

Así que diligentemente comencé a buscar las escrituras como lo hicieron los Veraneos, a ver si esas cosas eran ciertas. Y para mi deleite, yo descubrí que muchos teólogos llaman la ley de Génesis, que dice, todo se reproduce según su propio género. Por ejemplo, perros reproducen perros, gatos reproducen gatos, manzanas reproducen manzanas, y tomates reproducen tomates. Bueno, esta verdad me fue afirmada con la enseñanza de Pablo en Gálatas 6:7: que dice, *"No os engañéis; Dios no puede ser burlado: por "cualquier cosa" que el hombre siembra, "eso" también él cosechará.*

Estas escrituras me enseñaron que si yo quería una cosecha de tomates. Yo necesitaba sembrar semillas de tomate. Si yo quería una cosecha de amor, yo debería entonces sembrar semillas de amor. Queda sin decir, esto se me hizo muy claro, que si yo quería una cosecha de dinero.

Yo necesitaba sembrar dinero. ¿Porqué? Por cuanto la ley de todas las leyes nos enseña, todo se reproduce tras su propio género.

Honestamente, esa enseñanza cambió todo. Yo recuerdo, mi esposa y yo estando tan entusiasmados con este principio, que cuando no teníamos dinero para sembrar, sólo comenzamos a sacar cuadros de las paredes de nuestro hogar y sembrándolos. Literalmente, sembramos cualquier cosa que podíamos poner en nuestras manos.

Ahora esta es la verdad, dentro de unos meses, Dios comenzó a realizar tales milagros financieros en nuestras vidas, que muchas veces, según David escribió, pensamos que estábamos SOÑANDO. (Salmo 126:1) Todo lo que yo puedo decirte es, desde que hemos recibido esta simple revelación y comenzamos a aplicarla, hemos estado en un auge, y gracias a Dios, no se ha detenido aún...

Ahora desde entonces, he aprendido dos verdades más, muy sorprendentes sobre ésta área de dinero y el dar, qué me encantaría compartirlas contigo... realmente creo que serán tan cambiantes para ti como lo han sido para mí.

1-PROPORCIÓN

He descubierto, siempre Cosecharás en Proporción a LO QUE TU SIEMBRAS. Yo realmente no sé si esto puede ser dicho más simple, pero para mí, esto es pleno sentido común; pero no sólo me tomes a mi palabra, vamos a ver lo que la biblia tiene que decir al respecto.

Escucha a Pablo:

"Esto les digo, el que siembra NADA cosechará NADA, el que SIEMBRA escasamente (o mezquinamente) también segará escasamente (o mezquinamente) y el que SIEMBRA generosamente (o abundantemente) también segará generosamente (o abundantemente) cada uno dé de acuerdo como propuso en su corazón, así permítele dar; no con tristeza, o por necesidad: por cuanto Dios ama al dador alegre".
"O al dador, en cuyo corazón está el dar."

(2da Corintios 9:6)

Luego en (Lucas 6:38 AMP) Jesús mismo reforzó este sorprendente principio.

¡Escúchalo! *"Dad, y (dádivas) se os dará a ti, medida buena, apretada, remecida, y rebosando, derramarán en (la bolsa formada por) vuestro seno (de su bata y usado como bolsa). Por cuanto con la MEDIDA QUE TÚ MIDES (O CON LA MEDIDA QUE TÚ USAS CUANDO TU CONFIERES BENEFICIOS SOBRE OTROS), TE SERÁ MEDIDA DE REGRESO A TI."*

En otras palabras, la ley de la siembra y la cosecha dice, el TAMAÑO de tu COSECHA no depende de Dios, SINO DE TI. Por cuanto siempre COSECHARÁS EN PROPORCIÓN A LO QUE TÚ HAS SEMBRADO…

Por ejemplo, ¡siembra nada-cosecha nada! ¡Siembra poco-cosecha poco! ¡Siembra mucho-cosecha mucho!

2-ACTITUD Y LA RESPUESTA DE DIOS

Esto es importante. La actitud con que tú das va a determinar la respuesta de Dios.

La Biblia amplificada lo dice de esta manera:

Por cuánto Dios ama (Él toma placer en, premia sobre otras cosas, y no está dispuesto a abandonar o a faltar) un dadivoso (gozoso, "pronto para hacerlo") dador [cuyo corazón está en su dádiva]. (o Dios es bendecido, por aquello quienes Dan con una sonrisa :)

¿Has conocido alguien así? Yo sí. Me sucedió mientras yo estaba en un viaje misionero en África. Él era un hermano Cristiano, quién, en mi estimación, era extremadamente crítico de otros y muy difícil de llevarse con él. (Pero poco sabía yo, que él estaba siendo utilizado poderosamente por Dios). Así que en mi inmadurez, le pregunté al Señor, ¿Señor, porqué mantienes a este hombre aquí? ¿No puedes ver que a nadie le agrada? Con esto, el Señor respondió, "Hijo, este hombre es uno de mis más grandes dadores". Y no has escuchado, yo no estoy dispuesto a abandonar (o prescindir) a un dador alegre ("gozoso y listo para hacerlo"), (dador que en cuyo corazón está el ofrendar) Y para tu información, este es uno de esos hombres.

Además, yo quiero que sepas, que con gran gozo, él ha estado apoyando todo este trabajo de misiones Africanas, que por muchos años, ha sido utilizado en el levantamiento de muchos grandes líderes a través de todo el continente de Africa y alrededor del mundo. Así que déjalo quieto y atiende a tus propios negocios."

Yo rápidamente me arrepentí y nunca me volví a meter con aquel hombre nuevamente. Justo en aquel momento, yo vi la actitud de Dios hacia un donante. Pero después de todo, ¿quién es un dador más grande que nuestro Padre Celestial? La respuesta es, ¡nadie! (Juan 3:16)

3-SEMBRANDO EN TU ESCASEZ!

Por último aquí, quiero hablar contigo sobre la importancia de sembrar cuando te encuentras contra la pared. Esto es lo que la Biblia llama, sembrando en tiempo de escasez. Cuando era joven en el Señor, recuerdo el Dr. Norvel Hayes diciendo una vez, "Si nunca quieres estar quebrado, asegúrate que tú siembras tus últimos $20". En otras palabras, ¡nunca te comas tu última semilla, siémbrala! Y es esto exactamente lo que Génesis 26:12 nos enseña:

"Luego (en tiempo de escasez) Isaac sembró en aquella tierra, y recibió en el mismo año cien veces: (o cien veces más), y el Señor lo bendijo."

¿Has vivido tú en un tiempo de escasez? Lo más cerca al cual yo he llegado fue en Cuba, justo después que Fidel Castro tomó cargo. Y aunque, no era realmente tanto la escasez como el racionamiento drástico de comida y un tiempo de necesidad no usual. Pues para mí, eso era escasez...

Sin embargo, yo he visto historias de realmente escasez en televisión y también he leído extensamente sobre ellas. Por ejemplo, una vez leí, la más mortal de la escasez del mundo mato un estimado de 30 millones de personas en China. La escasez fue causada por una sequía, qué fue seguida por un fracaso de siembra, que fue seguida por un hambre, enfermedad, y canibalismo. ¿Dijiste CANIBALISMO? Sí, escuchaste bien, hasta canibalismo.

Ahora, si tú eres un estudiante de la Biblia, tú estás consciente que hubieron ocasiones cuando esta misma condición ocurrió en los días de la Biblia. De hecho, varios pasajes describen el mismo tipo de devastación que hemos visto en tiempos modernos.

Te dije todo esto para despertar tu imaginación a lo que estaba sucediendo con Isaac en el pasaje que acabamos de leer. Tú ves, Isaac estaba viviendo en Gerar, con los Filisteos. Este territorio eventualmente sería el lugar de morada de sus hijos en generaciones por venir. Pero mientras él estaba ahí, una escasez real tomó lugar, así como una de la escaseces que yo le describí anteriormente. Sin embargo, en medio de la sequía, el hambre, la enfermedad, y aún el canibalismo, algo poderoso tiene que haberle sucedido a él.

Yo personalmente creo, que de alguna manera, ante la vista

de su memoria, o la banca de su memoria, el presionó el botón de repetición y comenzó a pensar sobre su nacimiento milagroso. Estoy seguro, que él pensó en su sorprendente experiencia con Abraham su padre en Monte Mariah, donde el ángel del Señor se le apareció a Abraham, justo en el momento cuando Abraham estaba listo a sumergir el cuchillo en el corazón de Isaac y dijo, ¡*Abraham*! ¡*Abraham*! *No pongas tu mano sobre el niño, ni le hagas algún daño: por cuanto ahora yo sé que me amas, viendo que no has RETENIDO tu hijo, "tu único hijo de mí"*. Luego, yo creo, Isaac, comenzó a jugar una y otra vez en su corazón y mente, las profecías que Dios Todopoderoso había hablado sobre él, así como Él las ha hablado sobre ti, y ¡BAM!, así como un rayo de relámpago, fe le chocó. EL tipo de fe en Dios, fe que NO PUEDE SER NEGADA...el tipo de fe, que mueve la mano que mueve el mundo le chocó de la cabeza a la planta de sus pies, y de momento, él valientemente comenzó a declarar, viviré y no moriré y declararé las obras del Señor... con larga vida Él me satisfacerá y me demostrará su salvación...y por cuanto fe es un acto, Isaac, aunque fatigado como lo estaba por la escasez, de alguna manera sacó fuerzas del Poderoso de Israel, tomó su pala, comenzó a romper tierra con ella y comenzó a sembrar sus semillas de fe. Recuerda, él hizo esto precisamente en medio de una real escasez. ¿sabes?, este acto de fe obtuvo toda la atención del cielo, incluyendo a DIOS.

Personalmente, yo creo, que fue en aquel momento, que la fe de Isaac, movió la mano que mueve al mundo, y todo de una, Dios despachó sus ángeles a obrar a favor de Isaac. Y la Biblia dice, Isaac recibió o cosechó en aquél mismo año cien veces o cien veces más de lo que él Sembró, y el Señor lo bendijo... "Yo lo diría así". Ahora escucha lo que la Biblia dice luego. Y el hombre fue grande y siguió adelante, y creció hasta que se hizo muy grande, por cuánto tenía posesión de rebaños, y posesión de manadas, y una grande cantidad de sirvientes, y los filisteos le envidiaban.

TESTIMONIOS DE LA FIDELIDAD DE DIOS

Déjame compartir contigo, justo unos cuantos testimonios personales de milagros que Dios ha realizado para mi según he aprendido estas verdades y caminado en estos principios.

VINNIE CON ALIMENTO

¿Te acuerdas yo diciéndote, que a menudo ayunábamos, no porque queríamos, sino porque no teníamos dinero para alimentos? Bueno he aquí lo sorprendente: No mucho tiempo después de que comenzamos a sembrar y a creerle a Dios por milagros, poco a poco, cosas comenzaron a cambiar.

Yo recuerdo la noche cuando todo comenzó. Fue como si alguien de momento hubiera abierto una llave celestial, donde bendiciones sobrenaturales comenzaron a fluir y abarcarnos…

El milagro comenzó, cuando un hombre joven cuyo nombre era Vinnie, nos sorprendió llegando a nuestra casa y comenzó a bendecirnos con cajas y cajas de todo tipo de carnes, pasta, vegetales y frutas. ¡Hombre, yo no podía creerlo! Y de repente, por primera vez en mucho tiempo, nuestro refrigerador estaba lleno y así nuestra barriga. Bueno, estos sorprendentes milagros de divina provisión continuaron por cerca de un año. ¡Pero esto fue sólo el comienzo!

UNA VIUDA EN MÉXICO

Yo recuerdo estando en un viaje misionero en México, cuando de la nada, una mujer bella vino a mí y dijo, "Toma Jason, yo he estado guardando mis diezmos por un tiempo y el Señor me dijo que te los diera a ti". ¡Era un pequeño bolso lleno billetes de cien! Aquel pequeño bolso tenía más dinero que el que yo había hecho en todo el año.

LA PRIMERA CASA DE MIS SUEÑOS

Yo recuerdo comprando la primera casa de mis sueños. Había estado orando, ayunando, sembrando semillas financieras, y confesando la Palabra de Dios por casi tres años.

Mi confesión era, "yo creo, que yo recibo la casa de mis sueños por un precio sobrenatural y la obtendré en nombre de Jesús".

Para hacer una larga historia corta, encontré la casa de mis sueños en un área exclusiva que se estaba vendiendo por $600,000. Aún puedo recordar, cuando primero comencé a negociar con el dueño de la casa. Yo recuerdo diciéndole, "seré muy feliz con darte $225,000 por la casa." Nunca se me olvidará lo que él me dijo: "¿Estás loco?" "Esta es una casa nueva y lo menos que tomaré es $550,000!" Así que le contesté: te daré $227,500. Él respondió, "No creo que me estás escuchando". Él dijo, "Lo mejor que yo puedo hacer es $450,000." Yo dije, Ok, "te voy a dar $230,000."

El me miró y dijo, ¡Hombre, yo no te puedo creer! Mira, lo mejor que yo puedo hacer es $350. "Y ese es mi mejor precio". Bueno, fuimos ida y vuelta, hasta que él finalmente dijo, "Este es mi último precio". Es un precio de caballeros. Te la doy a ti por $245,000." Yo respondí, "Bueno yo soy un caballero; lo acepto." Fue así como yo obtuve la primera casa de mis sueños por un precio sobrenatural, que de hecho, ¡luego la vendí a un doctor por cerca de un Millón!

Es por esto que siempre digo, vale la pena honrar a Dios y sembrar semillas financieras por milagros!

EL GRAN PIANO

Algún tiempo después que nos mudamos a la casa y un amigo me dijo, "¡Pastor, a esa casa le falta un piano de media cola!" "Yo pensé para mí mismo", "Está en lo cierto," pero yo no tenía dinero. Así que cuando recogí a mis niños de la escuela ese día, yo les dije, hoy antes de que regresemos a la casa, necesitamos parar en el negocio de pianos de media cola. Así que ellos me preguntaron: "Vas a comprar un piano hoy Papi?" Yo contesté, "No, voy a imponer manos sobre uno y creerle a Dios que realizara una milagro para nosotros."

Justo sucedió, que luego esa noche, yo iba a Albany, Nueva York a ministrar. Así que mientras estaba predicando en la iglesia, yo vi, no un piano de media cola, sino un piano Yamaha de cola completa totalmente nuevo en el santuario. ¿Lo imaginas? Nunca había sido tocado antes. (¡nadie sino Dios!). Todo lo que yo recuerdo es, yo corrí a ese piano, le dije a la audiencia, "Hoy, puse mis manos sobre un piano así como éste y lo reclamé en el hombre de Jesús". "De repente, una mujer de la audiencia saltó y entusiasmadamente gritó, "¡Dios mío, Pastor Jason!, ese es mi piano, y Dios me acaba de decir que te lo dé a ti!"

¡Ja-Ja-Ja! Aún lo tengo, y he escrito muchas canciones maravillosas en ese piano que ha tocado las vidas de multitudes de personas alrededor del mundo. ¡A Dios sea toda la gloria!

UN MERCEDES DE 1929

Un día, caminé dentro de la casa de un hombre de negocios en Staten Island. Estábamos teniendo una conversación, cuando fuera de la nada, este hombre me dijo, "Joven, Yo creo que Dios me está diciendo que te dé uno de mis carros". Yo respondí, "¡No lo dudo!" Ja-Ja!

¡¡¡Era un Mercedes Benz de 1929 con 48 millas originales en él!!!

Ese carro se volvió el hablar de la comunidad entera donde había comprado la primera casa de mis sueños.

EL MILAGRO DE MADISON SQUARE GARDEN

Yo puedo seguir y seguir con estos testimonios, pero voy a compartir un último milagro contigo. Fue un miércoles en la noche después de nuestro servicio, cuando un hombre llamado George Seiber caminó dentro del vestíbulo de la iglesia que yo estaba alquilando en aquel tiempo y preguntó por Jason Álvarez. Yo le dije, "Yo soy Jason". Él me dijo, "te escuché cantar y dirigir la adoración."

Yo respondí que sí lo hacía. Luego para mi deleite, él dijo: "Estoy auspiciando una reunión en el Madison Square Garden en la ciudad de Nueva York este viernes en la noche y me gustaría que tú hicieras la música para nosotros. Luego él me preguntó, "¿Cuánto cobrarías?" Mi respuesta fue, "Yo no cobró por el Evangelio". "Si Dios me da luz verde, yo con gusto lo haré de gratis." Poco sabía yo, que este hombre era muy rico. Ahora recuerda, que para este tiempo, habíamos estado sembrando lo poquito de dinero que teníamos de acuerdo a las enseñanzas que habíamos escuchado por T. L. Osborn sobre el poder de la semilla. Solo esta vez, yo no iba a solamente estar sembrando mi dinero; Yo iba a estar sembrando mi tiempo y mi talento también, del cual no tenía ningún problema haciendo. Así que dirigí la adoración en el Madison Square Garden ese viernes en la noche, y fue un gran éxito, por cuanto muchas personas fueron salvas y grandemente bendecidas. Ahora he aquí la cosa más sorprendente sobre toda esa experiencia.

Después del evento de Madison Square Garden, mi amistad con aquel hombre adinerado continuó. Sin embargo, poco sabia, que Dios utilizaría poderosamente a este hombre para literalmente cambiar el curso de mi vida…

Te estoy dando la versión corta, pero en caso de que estés interesado, el resto de esta historia milagrosa, y muchas otras cómo está, serán incluidas en mi nuevo libro qué será lanzado prontamente titulado De la Vergüenza a la Gloria.

COMPRANDO UNA IGLESIA

Buenos, como cuatro meses más tarde, el tipo de edificio de iglesia del cual tú sólo puedes soñar se hizo disponible a un precio tan alto que muy pocas personas podrían comprarlo. Así que cuando mi amigo adinerado escuchó sobre la disponibilidad de la Iglesia, él me pidió que le llevara a verla. Así lo hice. Luego, unos cuantos días más tarde, recibí una llamada de él. "J", mi esposa y yo hemos estado orando sobre el edificio de la iglesia, y nosotros creemos que

Dios quiere que tú lo tengas, porque de ahí, Dios va a usarte a ti y tu ministerio para tocar al mundo. "J", tienes que obtener este edificio. Yo respondí, "Lo sé George". "Pero yo no tengo el dinero." Bueno, negociamos de atrás para adelante por la compra del templo por meses, hasta que finalmente tomé un paso en fe y negocié una oferta para comprar el edificio. Ten en cuenta, sin tener un centavo, pero tenía fe, que Dios de alguna manera realizaría un milagro… Así que el gran día llegó, cuando se supone que íbamos a cerrar el negocio. Honestamente, no tenía idea de donde vendría el dinero, pero yo sabía en lo más profundo de mi saber, que Dios de alguna manera iba a proveerlo.

Recuerdo, nos quedaban dos horas para llegar con el dinero, cuando de repente, recibí una llamada del Sr. Seiber, quien dijo, "J", por favor espérame, mi avión acaba de aterrizar y yo estaré en tu casa en 30 minutes. Así que cuando se apareció en mi casa, lo primer que dijo fue, "J", ¡Dios nos dijo a mi esposa y a mí que tú tienes que comprar esta Iglesia! Yo dije, "George, yo lo sé, pero no tengo el dinero." Así que él comenzó a caminar de un lado a otro, y continuó diciéndome lo mismo vez tras vez nuevamente. Y como un disco rayado, yo seguía diciéndole lo mismo. "Lo sé George, pero no tengo el dinero". (¡Aún puedo verlo ahora!)

Finalmente, después de veinte minutos, él se detuvo, se tornó y me pregunto. "J", cuánto dinero necesitas?" Así que le dije. Él pausó por un momento, luego él simplemente puso su mano en el bolsillo de la chaqueta y sacó una pequeña chequera; escribió un cheque con muchos ceros en él y luego me lo dio. Con eso él dijo, "J", yo te dije, Dios me dijo a mí y a mi esposa que tú necesitas comprar esa iglesia. ¡Ahora ve y búscala! Ja, Ja, Ja, todo lo que yo puedo decir es, ¡Dios realizó un gran milagro para nosotros ese día!

Y la saga milagrosa continúa, porque la verdad es, desde el tiempo en que nosotros abrimos nuestras puertas, The Love of Jesus Family Church (La Iglesia Familiar El Amor de Jesús) ha sido un vientre de bendiciones para muchas personas aquí y alrededor del mundo. Literalmente, cientos de ministerios han nacido y se han levantado ahí y están en el presente sirviendo a Dios alrededor del mundo y muchos más están aún ahora en ese proceso de nacer y en entrenamiento según yo escribo este libro. La verdad es, todo lo que George y su esposa profetizaron que sucedería, ha sucedido y aún sigue sucediendo. ¡A Dios sea toda la Gloria!

Recuerda, todas las flores, de todas tus mañanas, ¡están en las semillas que tú siembras Hoy!

Ministerio

Porque yo ya estoy para hacer ofrecido, y el tiempo de mi partida
está cercana. He peleado la buena batalla, he acabado la Carrera,
He guardado la fe: por lo demás me está guardada la corona de
justicia, la cual me dará el Señor, juez Justo, en aquel día: y no
sólo a mí, sino también a todos los que aman su Segunda venida.
(2da Timoteo 4:6-8)

Yo puedo recordar claramente el día en que Dios sobrenaturalmente me permitió tomar una mirada dentro del futuro. En aquel tiempo vivíamos en una casa vieja en Bloomfield, NJ.

Acababa de llegar a mi hogar de la iglesia temprano esa tarde, mientras mi esposa se había ido por adelantado a un retiro de jóvenes en Hope, NJ para asistir cómo una consejera de juventud por los próximos seis días.

Así que yo decidí comer mi almuerzo solo en el balcón mallado de atrás, que tiene vista a mi patio trasero y relajarme ahí por un tiempo. ¡Cuando de momento, tuve una visión! En ella, yo vi a un hombre corriendo ida y vuelta en una plataforma, hombre, este muchacho estaba predicando fogosamente. Yo pensé, "¿Quién es este muchacho?" Mientras tanto, él seguía predicando y corriendo de un lado de la plataforma al otro lado. Cuando de todo un momento, este hombre se detuvo, se tornó y me miró directamente. Y para mí total asombro, cuando yo vi su rostro, ¡era yo! ¡Ay Dios mío!

Yo no lo podía creer. Yo estaba sorprendido. De momento, escuché la voz del Señor claramente decirme:

¡Levántate, ponte de pie! por cuánto me he aparecido ante ti por este propósito, el hacer de ti un ministro y un testigo de ambas cosas que tú has visto, y de aquellas cosas en las que yo me apareceré ante ti: librándote de las personas, y de los gentiles, a quiénes ahora te envío, para abrir sus ojos, y para tornarlos de las tinieblas a la luz, y del poder de satanás a Dios, que ellos puedan recibir perdón de pecados, y una herencia entre aquellos que son santificados por la fe que está en mí!

Cuando la visión concluyó. Yo tengo que admitir, me dejó rascándome la cabeza y pensando; ¿que acaba de suceder? porque la verdad es, yo nunca había experimentado algo como esto antes. Así que sólo lo encomendé a Dios, y proseguir a terminar mi almuerzo. Luego esa tarde, manejé al campamento de jóvenes dónde estaba mi esposa, a ver si había algo en lo cual yo podía ayudar. Así que cuando llegué allí, yo no dije una palabra a nadie sobre la visión que acababa de experimentar. Simplemente vi a mi esposa por un breve momento, la saludé e inmediatamente fui en busca del hombre que estaba encargado, ya que había escuchado que estaban cortos de personal. Cuando le encontré y me puse a su disposición, él se aparentaba aliviado. Entonces rápidamente me preguntó, "¿Puedes cocinar perros calientes y hamburguesas?" Yo respondí, ¿es el papa Católico? ¡Seguro que puedo! Luego él preguntó, ¿Puedes también hacerte cargo de tirar todos los envases de basura esta noche? Yo respondí, "¡Seguro, estoy aquí para hacer cualquier cosa que tú necesites!"

Finalmente me fui a la cama esa noche riéndome conmigo mismo, pensando la visión que había tenido, era probablemente el resultado de la pizza de pepperoni que había almorzado, o quizás era simplemente un producto loco de mi imaginación. Así que lo sacudí y eventualmente me fui a dormir.

Pero temprano a la mañana siguiente durante desayuno, el hombre encargado del campamento de jóvenes vino a mí y preguntó, ¿Puedes predicar esta mañana? yo respondí, ¿Predicar? Él dijo, ¡Si, predicar! Yo creo que tú tienes una palabra para la juventud ésta mañana. Hombre, yo no lo podía creer. ¿Yo predicar? Luego me acordé de la visión. Así que prediqué esa mañana sobre el libro de Jonás. Sólo que no me preguntes cual era el contenido, porque todo lo que yo recuerdo es que yo corría ida y vuelta de un lado de la plataforma al otro, justamente como me había visto en la visión. Así que ahí está, gracioso, pero esa fue mi introducción dentro del ministerio.

LLAMADO AL MINISTERIO PASTORAL

Ahora, déjame decirte la historia de lo que yo creo fue mi llamado oficial al ministerio pastoral. Era un viernes en la noche, y estábamos en un servicio en la ciudad de Nueva York, donde mi esposa estaba ministrando. Yo recuerdo el servicio había terminado y una cuántas personas estaban reunidas compartiendo. Cuando de momento escuché al Señor preguntarme, "J", ¿me amas? yo dije, "Sí Señor, te amo". Él dijo, apacienta mis ovejas. Nuevamente, Él me preguntó, "J", ¿me amas? Así que yo respondí, "Sí Señor, tú sabes que te amo". Él dijo, "apacienta mis ovejas."

Ya ahora, estoy avergonzado, porque estoy comenzando a gemir enfrente de todas estas personas.

Sin embargo, ellos realmente no saben lo que está sucediendo, porque esta conversación estaba tomando lugar en mi corazón, en mi interior. Luego, Él me preguntó la tercera vez, "J", ¿me amas? Esta vez, mientras gimiendo, Yo contesté con mi voz, "Sí Señor". "¡Tú sabes que te amo!". Luego Él me preguntó, ¿apacentarás mis ovejas?, y yo respondí, "¡Sí Señor, apacentaré tus ovejas!". Te digo, nunca se me olvidará esa experiencia.

Y yo sé, es así como Él llamó a Pedro, pero es también como me llamó a mí. Ahora mirando atrás, claramente puedo ver, esa fue la noche en que Él oficialmente me llamó a pastorear su pueblo precioso. Y aunque no comencé a pastorear hasta muchos años más tarde, yo creo que esa fue la noche en que el santo aceite ungido de Dios fue sobrenaturalmente derramado sobre mi cabeza, así como en los días de antaño, cuando el profeta Samuel derramó el santo aceite sobre la cabeza de David, significando la separación y el llamado de Dios.

Poco sabía, que había sido enlistado en la escuela del Espíritu Santo, mejor conocido como el campamento de entrenamiento de Dios. Déjame decirte, esta escuela no es para los débiles de corazón o para aquellos que se rinden. Me atrevería a decir, que lo que los Navy Seals (Marinos de Guerra) de los Estados Unidos tienen que perdurar a fin de pasar a ser parte de esas Fuerzas Militares Especiales, no es nada distinto a lo que tenemos que pasar en el espíritu, afín de cualificar para el ministerio.

Déjame ofrecerte un ejemplo. Toma por un instante la prueba de paciencia. no puedo comenzar a contarte las veces, cuando la impaciencia obtuvo lo mejor de mí. Y estoy seguro, que yo no estoy en esto solo. ¡Solo pregúntale a Abraham! ¿Ahora piensa en ello? ¿Quién en el mundo quiere tomar esta prueba? ¡Yo no! Sin embargo, yo he aprendido, que si tú vas a sobrevivir y tener éxito en el ministerio, deberás no solamente tomar estas pruebas, sino que también deberás pasarlas.

Por ejemplo, no mucho tiempo atrás, yo tomé el reto de diseñar y edificar una casa, para luego venderla por una ganancia. Bueno déjame decirte, pasó a ser uno de los retos más grandes en mi vida. El proceso fue agotador para decir poco. Después de un tiempo, me sentía simplemente cómo para rendirme. Luego un día, cuando las cosas parecían que iban de mal en peor, Dios en su misericordia, susurró a mi oído. "J", es importante que durante esta época en tu vida tú aprendas el secreto de hacer la paciencia tu amiga. ¡Wow, nunca había oído eso antes! Pero luego recordé (Hebreos 6:11-15)...

"Y nosotros deseamos que cada uno de ustedes demuestre la misma diligencia (constante esfuerzo aplicado) a la total aseguranza de

esperanza hasta el fin." En otras palabras, (Dios está diciendo aquí) no seas un vencido; termina lo que tú empiezas). "No seas perezoso, (o vago) pero sé seguidor de aquellos quiénes a través de la fe y la paciencia pasaron a heredar las promesas."

¿Sabías tú que la paciencia y la fe son gemelos? ¿Y sabías, que sin paciencia, tu fe eventualmente se cansará y desmayará? ¡Es cierto!, ahora si esto ocurre, puedes apostar tu último centavo, que tú nunca cobrarás ninguna de las promesas.

Es por esto que la Biblia prosigue a decir, por cuanto cuando Dios hizo promesa a Abraham, porque Él pudo jurar por ninguno más grande, Él juró por sí mismo, diciendo, *"Ciertamente bendiciendo te bendeciré, y multiplicando te multiplicaré", y así que, DESPUÉS QUE ÉL HABÍA PACIENTEMENTE PERDURADO, (O después que había hecho la PACIENCIA su amiga), ¡Él obtuvo la promesa!* (Hebreos 6:14-15).

En otras palabras, Dios está diciendo, que si no estás completamente comprometido a usar tu paciencia, al enfrentarte a todo tipo de oposición, (y permaneces hasta el fin), ¿de que vale tomar un proyecto, tener una experiencia de desierto o de qué vale pasar por todo tipo de pruebas y adversidades, si al final, tú no cobras el premio, o sales caminando con la promesa?

Ahora he aquí unas cuantas piedras preciosas concernientes a la paciencia yo creo que te bendecirán grandemente...

1- Paciencia es el tiempo entre el AMÉN y el AHÍ ESTÁ.

2- Paciencia es alabando a Dios cuando no hay señal de alguna respuesta.

3- Paciencia es descansando sobre las grandes promesas de Dios cuando el mundo se está riendo de ti.

4- Paciencia es riéndote en la cara de una tormenta.

5- Paciencia es sonriendo cuando el diablo viene a fruncir el ceño a ti.

6- Paciencia es la llave para obtener las promesas de Dios.

7- Un viejo predicador una vez me dijo, "Hijo, no seas impaciente para que el Señor obre; solo sigue viajando consistentemente junto a su camino", (o simplemente sigue siguiendo adelante y nunca te rindas, ni lo pienses) y a su debido tiempo; "Dios te honrará con cada bendición".

De hecho, tomé el consejo de Dios he hice de la paciencia mi amiga, y como resultado, eventualmente terminé la casa; y cuando la vendí, pasó a ser el cheque de pago más grande en toda mi vida entera. Así que sí, mi amigo, afín de que tú y yo pasemos a ser poseedores y no solo un hablador y un contendedor fracasado, no solo debemos tomar estas pruebas vitales, pero debemos también vencer y pasarlas.

¡YA NO UN SOBREVIVIDOR!

Aquí hay algo más que el Espíritu Santo me dijo que vino como una fresca revelación. Él dijo, "J", necesitas saber, que tú ya no eres sólo un sobrevividor, como cuando tú estabas en el mundo. Ahora que tú me perteneces a Mí, tú eres más que un vencedor a través de Jesús, Mi Hijo, quien diariamente te infunde con fuerza interior para cualquier reto que tienes por delante. ¡Y en Su nombre sobre todo otro nombre, yo te he empoderado para conquistar y prevalecer!

¡Wow! No más un sobrevividor! Para mí eso fue grande, porque siempre me las había creído que era uno, pero ahora el Padre quería que yo supiera, que Jesús no solamente sobrevivió, Él triunfó. Y ahora, Él me estaba enseñando a adoptar esa misma mentalidad y hacer lo mismo.

CONCERNIENTE AL MINISTERIO

Ahora, déjame compartir contigo alguna de las cosas que he aprendido sobre el ministerio. Primero y ante todo, ministerio no es definitivamente para los débiles de corazón o para los que se rinden.

Porque la verdad es, muy pocos ministros se encuentran terminando su curso y aún menos, lo terminan con gozo.

Con razón que un número sin precedentes de ministros están dejando el ministerio cada mes, y muchas iglesias están cerrando sus puertas alrededor del todo el mundo. Sin embargo, yo estoy totalmente persuadido que, si diariamente aplicamos el testimonio del Apóstol Pablo en 2da Timoteo 4:7 a nuestras vidas y ministerios, los mismos principios poderosos que obraron para él también obrarán para nosotros.

PRINCIPIO NUMERO UNO - ¡HE PELEADO LA BUENA BATALLA!

Créeme, para tener éxito en la vida y en el ministerio, ¡requerirá la pelea de tu vida! porque todo tipo de fuerzas malvadas no vistas estarán ahí para tratar de detenerte y hacer todo lo que está en su poder para lograr que te des por vencido y te rindas. Es así como es.

Cuando yo pienso en pelear la buena batalla, yo inmediatamente pienso en la victoria de David sobre Goliat. Tú recuerdas él derrotó al gigante filisteo con sólo una onda y una piedra. Luego él hizo algo tremendamente valiente; corrió dónde Goliat cayó, puso su pie sobre su pecho, tomó la propia espada de Goliat y le cortó la cabeza con ella. ¡Ahora eso es lo que yo llamo un gran hombre! ¿Cierto? Pero ese fue David, porque él fue ungido para poner una demostración.

Sin embargo, lo que él hizo después de eso, es lo que realmente me sorprendió. En 1ra. Samuel 17:54, aprendemos que después que David le cortó la horrible cabeza a Goliat, él la tomó y comenzó a cargarla en su mano, valientemente demostrándola y paseándola por todo el camino de regreso a Jerusalén, como un trofeo de fe y un testimonio de su Victoria sobre el gigante.

Ahora cuando yo leí esto, se me ocurrió que no fue el león y el oso que David venció en el desierto lo que lo llevo de la oscuridad a la notariedad, fue Goliat. Tú ves, el león y el oso, son lo que Dios utilizó para preparar a David para el día cuando él se encontraría con Goliat, y no es distinto contigo y conmigo.

Escúchame, yo he descubierto, que si tú vas a ser más que infundirte en las paredes de la humanidad, y con el tiempo, simplemente desvanecer como tantas otras personas lo hacen. También tenemos que levantarnos en el nombre de Jesús y por el poder y la unción del Espíritu Santo, trayendo abajo a los Goliats en nuestras vidas.

Por ejemplo, yo puedo aún recordar estando en una lucha entre la vida y la muerte con el Goliat de la pobreza. ¿Lo conoces? ¡Yo sí! Yo recuerdo, cuando recibí la revelación de que era Goliat y no mis circunstancias naturales que me separaban de las bendiciones de Dios para mi vida, mi familia y ministerio.

Aún puedo escucharle desafiándome, tratando de aterrorizarme, gritando a las cimas de su voz, "¡Traspásame, y tú puedes obtener la promesa!" "¡Traspásame, y tú puedes cosechar las ganancias de la guerra!" "¡Traspásame, y tú y tú ministerio vivirán!" "¡Porque si no, les mataré a ambos!" Puedo honestamente decirte, que por mucho, mucho tiempo, él literalmente me asustó. PERO DIOS EN SU MISERICORDIA, LO TORNÓ PARA MI...

Déjame decirte cómo...Yo recuerdo, acabábamos de ser bendecidos con la iglesia en Orange, N.J. y estábamos apenas pasándolas. Cuando uno de mis miembros me dijo, Pastor, yo creo que debemos comenzar una reunión de oración a las 6 de la mañana en la iglesia y creerle a Dios por un derramamiento fresco del Espíritu Santo. Rápidamente estuve de acuerdo, y por lo tanto comenzamos a orar diligentemente cada mañana. Y poco después, yo tuve una de las experiencias más locas y temerosas de mi vida. Yo recuerdo, caminando dentro de nuestro viejo santuario un miércoles en la tarde. Cuando fuera de la nada, yo vine cara a cara con el principado de las Oranges. Un principado demoniaco es el gobernante sobre un área geográfica específicamente designada. En este caso, él era el principal gobernante sobre las Oranges. (Si quieres saber la verdad, era un espíritu de Catolicismo) Como bien sabes, el orden de poder estructural de satanás, fluye hacia abajo de él, a principados, luego a poderes, luego, a los gobernantes de las tinieblas de este mundo y luego, fluye todo el camino hacia abajo a las maldades espirituales en los lugares celestiales...

Así que cuando este principado, quién había gobernado sobre las Oranges por muchos, muchos años, se manifestó a mí, todo lo que yo puedo decirte es, que él me asustó de una manera que nunca había sido asustado antes. Y aunque, yo había echado fuera muchos demonios, mientras viajaba con R.W. SHAMBACH de individuos de todo alrededor del mundo. Yo nunca me había encontrado con un principado antes. Así que después de esa situación, yo literalmente me fui a mi hogar, me metí debajo de las cobijas y permanecí ahí por un tiempo temblando. ¡Yo te digo, esa cosa realmente había hecho un impacto en mí!

Bueno, finalmente me levantó la mañana siguiente y seguí en mis negocios como de costumbre; pero la noche siguiente, según el reverendo Fred y yo estábamos instalando el nuevo sistema de teléfonos en nuestra nueva iglesia, él me pidió que le trajera una cuerda de extensión que estaba en la plataforma en el santuario.

Y honestamente, ya me había olvidado sobre mi experiencia con el principado la noche anterior. Así que según caminé dentro del santuario que estaba totalmente oscuro, y comencé a mirar alrededor por la cuerda de extensión, y ¡bum!, para mí completa sorpresa, este loco principado se me apareció nuevamente. Y yo te digo; esta vez, me estremeció aún peor, al punto, que todo lo que yo quería hacer era, salir corriendo, dejar el ministerio y nunca más volver a aquella iglesia. En aquel mismo momento, se me hizo aparente a mí, que éste principado, sabía, que yo estaba totalmente aterrorizado por él, y que en lo más profundo de mí, yo sabía, que yo no era un reto para él... todo lo que yo puedo decir es, gracias a Dios por el Espíritu Santo...

Porque aunque, yo estaba en mi ingenio final, Dios sabía, que todo lo que yo necesitaba, era una palabra de él, y que aquella palabra cambiaría todo...

"PREPARA TUS ENTRAÑAS PARA GUERRA." ¡WOW! Esa fue la palabra del Señor.

Y con eso, de alguna manera, en lo más profundo de mí, yo sabía lo que eso significaba; significaba, oración y ayuno de por lo menos tres días y noches y el Señor haría el resto. Bueno, yo hice exactamente eso, y en el tercer día de mi ayuno, después de la reunión de oración de las seis de la mañana, después de que había despachado al pueblo, yo me torné, y ahí estaba una vez más... Sólo que esta vez, fue distinto, por cuanto yo había preparado mis entrañas para guerra, así como Dios me había dicho... ¡Ja ja ja! Ésta vez, yo no tenía miedo, ¡ÉL LO TENIA! y en aquel momento e instante, cómo un relámpago de los cielos, la fe me chocó, y así que en vez de salir huyendo de él como lo había hecho en el pasado, yo comencé a correr hacia él con el poderoso nombre de Jesús en una mano y la palabra de Dios en la otra; y ¡BUM! ¡abajo se fue! Así que en el espíritu, yo hice exactamente lo que David hizo, yo corrí a donde había caído, me puse sobre él, puse mi pies sobre su pecho, y finalmente, le corté su horrible cabeza. ¡Gloria a Dios!

Ahora, a cualquier lugar a donde yo voy, yo demuestro su horrible cabeza como un trofeo de fe, un testimonio de victoria y evidencia de su absoluta derrota! Así que, tú preguntas, ¿qué es su cabeza? Bueno, puede ser el carro que yo manejo, la casa en la cual vivo, el negocio exitoso, ricas relaciones, un matrimonio saludable, paz mental, almas siendo salvadas, descarriados siendo restaurados, los dones del Espíritu siendo manifestados a través de mi vida, o las sorprendentes bendiciones sobre el ministerio con el cual Dios me ha agraciado por los últimos 28 años, etc, etc...

Todo lo que yo puedo decir es, ¡a Dios sea toda la Gloria! Luego en el libro, cuando llegue a los caramelos para el matrimonio, yo compartiré contigo cómo yo derribe al Goliat del divorcio y como ahora disfruto del cielo en la tierra en mi matrimonio.

PRINCIPIO NÚMERO DOS - ¡HE TERMINADO MI CURSO!

En esta, su carta de partida a su hijo Timoteo, Pablo prosigue a escribir, "He terminado mi curso". Pablo no es el único que ha tenido un curso que terminar. Todos, incluyendo tú y yo, tenemos nuestros propios cursos (o carreras) que correr y terminar.

Otra cosa que he aprendido es, no todo el que comienza, termina. Escúchame, yo he conocido muchas personas increíbles, quienes comienzan con un auge. Yo pensé, ciertamente, ellos van a estremecer la tierra con el evangelio. Sin embargo por una razón u otra, en el momento de gran presión; ellos desfallecieron, y en vez de traerle a Dios gloria, le trajeron mucha vergüenza. Es por esto que yo creo que el tiempo de preparación no es nunca tiempo malgastado, y que el campamento de entrenamiento de Dios o la escuela del Espíritu Santo es tan increíblemente vital.

En tanto a lo que me concierne, esta es la diferencia entre el Rey Saúl y el Rey David. Por ejemplo, cuando Dios escogió a Saúl, él entró directamente al ministerio sin algún entrenamiento y preparación y los resultados fueron trágicos. Yo personalmente creo, que debido a esta falta de preparación, cuando gran presión eventualmente vino sobre Saúl, el simplemente no la pudo manejar. ¿Por qué? Porque él nunca había pasado a través de la escuela del Espíritu Santo, para recibir el tipo de preparación que lo hubiera preparado para ese nivel de presión.

Así que como resultado, cuando la presión, de ese nivel de liderazgo para la cual nunca había estado preparado, vino sobre él, simplemente lo abrumó y eventualmente lo llevó a la locura. Trágicamente, al final de su vida, debido a su absoluta desobediencia, cuando él trató de comunicarse con Dios, Dios simplemente rehusó hablar con él. Así que finalmente, se tornó a la hechicera de Endor por ayuda y dirección; y esa decisión, fue el último clavo en el ataúd y el acto final que selló su derrota. Según aprendemos de la escritura, el Rey Saúl, luego prosiguió a cometer suicidio, habiendo nunca terminado su curso. La Biblia simplemente dice, que el Rey Saúl murió, en medio de la batalla. ¡Cuán trágico! Por otra parte, le tomó a David sobre 13 largos años de preparación e intenso entrenamiento en la escuela del Espíritu Santo, antes de que él estuviera listo para sentarse sobre su trono real y reinar sobre Israel. Yo verdaderamente creo, que eso fue lo que hizo la diferencia...

Ahora déjame compartir contigo un principio que el fallecido Reverendo Benson Idahosa me enseñó muchos años atrás, qué ha impactado mi vida grandemente. Aquí está: *"preparación de palabras (oración), previene, pobre preparación."* Yo lo llamo, las cinco P's necesarias para el éxito.

Este principio, por muchos años ahora, ha sido una de las piedras de fundación en mi vida y ministerio, y me ha enseñado la importancia de estar listo en época y fuera de época, para los retos no esperados en la vida y los logros de Dios; porque he aprendido, lo que el mundo llama suerte, es simplemente estando preparado, cuando las oportunidades tocan... Luego años más tarde, descubrí otra verdad que Jesús mismo me enseñó cuando yo estaba en estremecimientos de desesperación, listo para rendirme. Eso es que, "¡El hombre deberá siempre orar, y no desmayar!" (Lucas 18:1) La Biblia Amplificada lo dice de esta manera: *"el hombre deberá siempre orar y no tornarse cobarde (desmayar, desanimar y rendirse)".*

Así que en aquél entonces, cuando el enemigo hizo lo mejor que pudo para hacerme rendir, yo me di cuenta, que tenía dos opciones "orar" o "rendirme," "orar o volverme cobarde," "orar o desfallecer". Bueno, gracias a Dios, yo escogí orar, y no rendirme, y con el tiempo, Dios me dio una gran, gran victoria.

Ahora como un principio, yo creo que es vital, que tú pases la primera parte de tu día con Dios en oración. En otras palabras, antes de que comiences a hablar con algún otro, ten tu charla diaria con Dios. Yo lo llamo, poniendo las primeras cosas primero, que es equivalente a (Proverbios 3:6): "en todos tus caminos reconócele a Él y Él dirigirá tus pasos"... La Biblia de mensaje lee de esta manera:

"en todo lo que tú haces, PON A DIOS PRIMERO". Ahora, si tú haces esto todos los días. ¡Poner a Dios primero! La promesa de Dios para ti es, *"Él te dirigirá"* y *"Coronará tus esfuerzos con éxito"*. ¡ Yo creo que ésta es una promesa asombrosa! ¿Tú no?

Ahora después de esta simple oración, simplemente le pido a Él que llene mis reservas con su sabiduría y el poder necesario para enfrentar todos los retos inesperados que la vida pone en mi camino ese día, y luego, a través del resto del día, simplemente oro en el Espíritu Santo a voluntad y tan frecuente como puedo, porque la verdad es, yo realmente no sé lo que hay a la vuelta de la esquina como Él lo sabe, y sobre todo eso, realmente no puedo ver las caídas o las trampas del enemigo como Él puede, así que es por esto, que siempre oro en el espíritu. Ahora he aquí otra cosa importante que he descubierto, y eso es, cuando yo oro en el espíritu, estoy desatando el potencial sin límite de Dios, para futuras posibilidades en mi vida y ministerio, que puede que yo ni esté consciente de su existencia.

Así que estas son algunas de las razones, por las cuales oro en el espíritu a voluntad y tan frecuente como yo pueda. Por último, he aquí otro principio que practico continuamente.

A éste yo le llamo MISERICORDIA.

Misericordia es mi única alternativa, cuándo he agotado todas las otras opciones. Honestamente, han habido tiempos, cuando he estado tan agotado y fatigado por la batalla, que no he tenido la voluntad o las fuerzas para orar. Ahora, esto no sucede a menudo, pero cuando si sucede, simplemente me tiro a los pies de Jesús y clamo por misericordia.

El ciego Bartimeo clamó por misericordia, ¡y Jesús le dio la vista!

Los diez leprosos en Lucas 17 clamaron por misericordia, ¡y fueron sanados!

Cuando el Rey David cayó con Betsabé, él clamó: "Señor, ten misericordia de mí, por cuanto he pecado". Y el Señor tuvo misericordia de él, y perdonó a David de sus pecados…

Oh mi amigo, recuerda, ¡SOLO EL CULPABLE NECESITA MISERICORDIA! Así que si tú estás a tu ingenio final, por cualquier razón, tú también, puedes clamar por misericordia ahora mismo, y Dios te la concederá, por cuanto Él se deleita en misericordia!

PRINCIPIO NÚMERO TRES – ¡HE GUARDADO LA FE!

Finalmente, en la escritura que estamos viendo, Pablo escribe, "He guardado la fe." Ahora ¿porque es la fe tan importante? Bueno, considera esto. Te acuerdas cuando Jesús le informa a Pedro, "*Simón, Simón, satanás ha deseado tenerte, que él pueda probarte como el trigo*" "*Pero yo he orado por ti, que tu fe no te falte.*" (Lucas 22:3)

Para mí, puede parecer mejor, sí Jesús hubiera dicho, "Simón, Simón, satanás ha deseado tenerte, que él pueda zarandearte como al trigo, pero no te preocupes sobre nada, porque ya yo he quebrado su poder sobre tu vida y orado por ti. Así que Pedro, no le des otro pensar, satanás no te estará molestando más."

Pero no, eso no fue lo que sucedió y eso no es lo que Jesús oró. Por el contrario, él le dijo a Simón, Pedro, "he orado por ti, que tu fe no te falte. ¡Wow! Aquí descubrimos, que mientras estamos en este mundo, aunque Jesús está personalmente orando por nosotros, no necesariamente significa que vamos ser rescatados o librados de tener que pasar por situaciones y tiempos difíciles. En sí significa, sin embargo, que si no perdemos nuestra fe, no importando lo que estemos atravesando, eventualmente, nuestra fe, nos ayudará a encontrar nuestro camino de regreso justamente como Pedro, y poner al diablo donde él pertenece; ¡y eso es bajo nuestros pies!

Lamentablemente, yo sé de muchas personas que se burlan de la fe. Sin embargo, cuando miro sus vidas, es evidente, que no tienen idea, lo que es la fe, ni cómo utilizarla.

1. ¿QUÉ ES FE BÍBLICA?

Fe, es confianza en Dios y Su Palabra. En fin, es creer en la fidelidad de Dios.

Fe, es creer la Palabra de Dios. Pensando que es así. Hablando como si fuera. Actuando como si fuera. Regocijando como si fuera, ante la cara de ninguna aparente evidencia visible... Por cuanto si lo puedes ver, o sentirlo, o probarlo, entonces no es fe.

Fe, es simplemente poniendo LA PALABRA en primer lugar; no importando lo que sientas y no importando como lucen las cosas.

Ahora, para la crema sobre el pastel, vamos a Hebreos 11:6, donde aprendemos, que sin fe, es "IMPOSIBLE" agradar a Dios. Tú ves, he descubierto, que nada, trae más gozo al corazón del Padre, que cuando le creemos. Y nada, le entristece más, que cuando le dudamos.

Así que en fin, si realmente queremos agradar al Padre; debemos caminar por fe y no por vista.

2. ¿CÓMO VIENE LA FE?

Escúchame. La fe no viene por el ayunar, o el danzar por los pasillos de la iglesia, gritando o cayendo postrado entre los bancos. No, fe viene por el oír, y el oír la palabra (o rema) de Dios.

No sé lo que tú estás enfrentando hoy. Puede que hasta estés listo para renunciar a tu vida de por sí. Pero Dios, me dijo que te dijera que no te rindas ahora, porque tú tienes fe, la fe que vence al mundo, la fe que mueve montañas, y tu Fe, lo cambiará para ti.

Escúchame...

- Fue Fe que sanó a la mujer con el flujo de sangre. (Marcos 5:34)
- Fue Fe qué libró a la hija de la mujer que estaba poseída por un demonio. (Mateo 15:28)
- Fue Fe que le dio la vista al ciego Bartimeo. (Marcos 10:46-52)
- Fue Fe que levantó a la hija de Jairo de entre los muertos. (Mateo 9:18-26)
- Fue Fe que causó que Pedro caminara sobre las aguas. (Mateo 14:29)

- Fue Fe que sanó a los 10 leprosos. (Lucas 17:14)
- Fue Fe que sanó al hombre que estaba a la puerta llamada La Hermosa. (Hechos 3:2)
- Fue Fe que le dio la autoridad a Esteban para hacer milagros, señales, prodigios entre el pueblo. (Hechos 6:8)
- Fue Fe que sanó al hombre inválido en Lisdra.

Con razón Jesús le dijo a Marta, "¿No te he dicho, que si creyeres, verás la Gloria de Dios?" (Juan 11:40)... *"Y con eso, Él clamó a gran voz".* (Por cuanto fe es activada por la voz) *¡Lázaro, sal fuera!'* (Juan 11:43) Y aquel que estaba muerto, salió fuera, saltando afuera de esa tumba, vivo, ¡para la Gloria de Dios!

Escúchame. Si tienes que perder algo, ve y pierde tu abrigo, así como lo hizo José; pero nunca dejes ir tu fe; ¿porque? por cuánto fe, es lo que te devolverá el abrigo. Fe, es lo que te ayudará a encontrar tu camino de regreso a Dios. fe, es lo que te apoderara para ser sanado, para ser liberado, y para recibir tu MILAGRO DE DIOS.

¡Nunca te olvides de esto! Las épocas de tu vida, no cambian cuando tú tienes una necesidad; no señor, ellas cambiarán, cuando tú decides hacer uso de tu fe...

¡ASÍ QUE ÚSALO O PIÉRDELO!

En conclusión, déjame dejarte con este rico trozo que un viejo predicador una vez me dio, cuando primero comencé en el ministerio. Él dijo, hijo, sí lo que tú crees, no vale la pena por el cual morir, entonces lo que tú crees, no vale la pena por el cual vivir. ¡Estoy totalmente de acuerdo! ¿Y tú?

Hoy, declaro sobre ti, que tú prevalecerás y cumplirás todos tus sueños dados por Dios, y terminarás tu curso con gozo en el nombre de Jesús.

VII

Errores

Algunas personas reúsan doblegarse cuando
alguien les corrige. Eventualmente quebrarán, y no
habrá nadie que pueda reparar el daño.
(Proverbios 29:1 Traducción ERV)

Hoy, mientras miro atrás a todos los errores que he cometido; todo lo que puedo decir es, gracias Dios, Jesús es Misericordioso y Nuestro Padre Celestial es el Dios de una segunda oportunidad!

Así que según comienzo a compartir mis pensamientos sobre errores, déjame primero animarte diciendo; somos aprendices y no perdedores. En cada situación, o ganamos o aprendemos.

Ahora, he aquí algunos errores que yo he cometido.

1. Yo recuerdo, cometiendo el error de casarme a la tierna edad de catorce: ¡Hablando de errores!

    Pero tú sabes lo que dicen; si juegas con fuego, te vas a quemar. Bueno, yo lo hice, y por esto, quiero decir, para la edad de catorce años, embaracé a una joven. ¡Oh, oh! Bueno, poco después, su padre se enteró de ello, vino buscándome, se apareció en mi casa, me encontró, me tomó del cuello, puso un cuchillo de carnicero a mi estómago y dijo, si no te casas con ella, yo te cortaré de un lado al otro, hasta que tus entrañas estén colgando fuera y te desangres. Ahora; ¿qué vas a hacer? Yo dije, lo haré, lo que usted diga! Así que así fue que sucedieron las cosas. Yo no tenía ninguna otra opción!

Sin embargo, Dios en su misericordia, ha usado mi testimonio para bendecir a muchas personas alrededor del mundo.

2.   También puedo recordar cometiendo el error de pensar que yo podía tocar el órgano Hammond. Hombre, ¡eso fue un gran error! Por cuanto la verdad es, yo era de lo peor en ello. (Yo no quería tocarlo, pero mis amistades insistieron) Ahora déjame decirte como todo eso cambió. Un día, mis amigos y yo estábamos tratando de mover mi órgano Hammond C3 de un segundo piso; cuando de momento, se soltó de las manos de alguien y cayó hasta el fondo de aquellas escaleras, partiéndose en pedazos. Yo todavía puedo ver y escuchar a mi precioso padre llorando en agonía y mis amigos gritando, ¡Oh no! ¡Oh no! ¿Cómo pudo suceder esto? "J", lo sentimos tanto, pero mientras tanto, en lo más profundo dentro de mí yo seguía gritando, "¡Sí! ¡Sí! ¡Sí!" Bueno, ese día glorioso, cuando mi órgano C3 estaba hecho pedazos, este literalmente rompió las cadenas que me habían estado atando por un largo, largo tiempo. Finalmente, yo pude una vez más cantar, "libre al fin; libre al fin"; ¡Gracias Dios Todopoderoso soy libre al fin! Y ciertamente, de aquél momento inolvidable, mis días de tocar el órgano terminaron. ¡Ja Ja Ja!, la verdad es, que me sentí como un hombre que había servido una sentencia de prisión y al fin había sido libre.

3.   Otro gran error que claramente puedo recordar fue confiar en personas que no se lo habían ganado o aprobado. Hablando de un doloroso error o una experiencia de aprendizaje difícil.

¡Wow! La primera cosa que aprendí fue, que la confianza y el respeto no son para dar tan libremente como dulce. Tienen que ser ganadas. Cuando yo vi esto, yo tuve que decidir en mi mente, que de ahora en adelante, yo tendría que aprender a cualificar a persona para acceso al círculo interior de mi vida, por cuanto poco sabía, que no todo el mundo cualifica, y no todo el mundo es digno de caminar mano a mano conmigo. Además, yo tenía que mirar detalladamente a quien estaba presente en mi círculo íntimo y darme cuenta que muchos de ellos nunca pertenecieron ahí para comenzar, y algunos que estaban conmigo en el presente, definitivamente no pertenecían en mi futuro; porque justamente tan seguro como las épocas en nuestras vidas cambian, así también las personas.

RELACIONES DE JESÚS

Yo no sabía, que en cuanto concierne a relaciones, Jesús mismo operó en cinco niveles distintos?

A. El primer nivel fue las multitudes o aquellas personas quienes, por la mayor parte, él nunca conoció cara a cara. El simplemente les ministró y sólo les tocó a la distancia.

B. El segundo nivel fue los setenta, a quiénes él envío a predicar y a echar fuera demonios. Con éstos, estoy seguro, Él paso más tiempo, enseñándoles y derramando de sí mismo en ellos. Y aunque, él estaba más cerca de ellos, sin embargo, ellos no estaban en su círculo íntimo.

C. El tercer nivel, fueron los doce, a quiénes él expuso la palabra y ordenó como apóstoles. Estoy seguro, estos fueron con los cuales, él pasó la mayor parte del tiempo, porque ellos eran Su círculo íntimo.

D. El cuarto nivel, eran los tres, Pedro, Santiago y Juan. Su relación con ellos era más profunda aún que con los otros nueve. Estos, él ocasionalmente los llevaba con él en misiones especiales, como cuando él subió al Monte de la Transfiguración.

Otro ejemplo fue cuando Jesús resucitó de los muertos a la niña de doce años cuyo padre era el gobernante de la sinagoga. Marcos nos dice, *"Tan pronto como Jesús escuchó la palabra que fue hablada, Él le dijo al gobernante de la sinagoga: "no temas; sólo cree".* El no permitió a ningún hombre le siguiera, excepto Pedro, Santiago y Juan el hermano de Santiago. (Marcos 5:36-37). Yo personalmente creo; estos fueron los tres que él estaba personalmente adiestrando para tomar el liderazgo después de su partida.

E. El quinto y más íntimo nivel, había sólo uno, Juan.
Suficientemente sorprendente, Juan fue el único que durante la última cena recostó su cabeza sobre el corazón de Jesús. Para mí, la razón esto es tan triste es, porque, hay tantas personas, que añoran Sus bendiciones, Su poder, o Su favor, pero pocos, realmente quieren su corazón. Y honestamente, no es distinto contigo o conmigo. Es por esto, una de las lecciones más difíciles que he tenido que aprender es, no todo el que está a mi alrededor, tampoco quiere mi corazón. Puede que quieran mi dinero o mi favor, mi ayuda, o mi compañía, pero desafortunadamente no mi corazón. Es por esto que te urjo a que comiences a cualificar a personas para el acceso a tu vida y dejes de permitir a cualquiera que toca a las puertas de tu corazón a libremente entrar, porque recuerda, ¡no todos se lo merecen o cualifican!

Ahora déjame compartir contigo unos cuantos cualificantes. Ésta lista no es toda inclusiva, pero aquí hay unos cuantos. Sí tú piensas en unos cuantos más por favor compártelos conmigo.

ACEPTACIÓN

Déjame ponerlo de esta manera: ve dónde eres celebrado y no solamente tolerado.

En Mateo 10:14, Jesús instruye a sus discípulos, "y todo aquel que no te recibe, ni escucha tus palabras, cuando salgas de esa casa o ciudad, sacude el polvo de tus pies". El polvo en sus pies era simbólico del espíritu de rechazo que ellos habían experimentado. Así que lo que Jesús literalmente le estaba diciendo era, "no te atrevas a permitir que este espíritu se vuelva a pegar de ti". Antes de que vayas a otro lugar, rompe su poder sobre ti y sacúdelo fuera, luego sigue adelante.

Escúchame, yo creo que "siempre florecerás, dónde eres plantado, bienvenido y celebrado, y marchitarás, donde eres rechazado y tolerado".

El difunto John Osteen siempre decía, "sigue la PAZ, el FAVOR, y el AMOR"...

Yo creo, que estas eran señales posteriores al éxito!

Ahora aquí hay unas cuantas cosas con relación al rechazo, yo creo que tú debes saber...

1. El rechazo es un espíritu.
2. ¡El espíritu de rechazo es como un virus malo; algunas veces es altamente contagioso!
3. ¡El rechazo es a menudo el semillero o puerta abierta por la cual surge un espíritu de ira!
4. El polvo es una de las delicias con las cuales se alimentan los demonios... ¡Es un tipo de rechazo! Y el Señor Dios le dijo a la serpiente, *"Por cuanto has hecho esto, maldita eres sobre todo animal, y sobre toda bestia del campo; sobre tu pecho andarás"*, y *"POLVO COMERÁS TODOS LOS DÍAS DE TU VIDA:"* Es por esto que Jesús dijo, después que sus discípulos fueron rechazados, sacude el polvo de tus pies. Hoy, te encargo, a caminar en libertad y victoria sobre el rechazo. "Sacúdelo".

RESPETO

Si alguien no te respeta, esa relación; no importando cuanto tú trates, no irá a ningún lugar. Por cuanto honestamente, no pueden cortarse el uno al otro con palabras no agradables o de desánimo y luego esperar el tener una relación saludable... ¡Simplemente no funcionará!

Alguien dijo, a fin de que alguna relación sea fuerte y saludable, debe existir el respeto mutuo. Nuevamente, ¡estoy totalmente de acuerdo!

El momento en que la falta de respeto continua ocurriendo en una relación, esa relación va dirigida hacia caos y grandes problemas, o más probable, su fin... mi consejo para ti es, ¡doblégate con GRACIA!. He aquí hay unas cuantas citas que yo amo:

1. "Respeto; dadlo para recibirlo"...
2. "Demuestra respeto aún a las personas que no lo merecen; no como un reflejo de su carácter, sino del tuyo".
3. "Da el regalo de tu ausencia a aquellos que no aprecian tu presencia".

¿QUÉ DE LA CONFIANZA?

He aquí la cosa número uno que yo siempre me pregunto cuando yo pienso en permitir a alguien que se acerque a mí. ¿Me siento seguro con esta persona? ¿Puedo confiarles con mi corazón, con mis secretos, con mis temores, etc.? Porque si ellos no se han comprobado dignos y todavía le doy acceso a mi corazón, entonces estoy pidiendo serios problemas. Es por lo cual yo siempre digo, recibiendo personas en nuestros corazones y vidas sin la dirección del Espíritu Santo puede ser extremadamente peligroso. Nuevamente, debemos aprender a cualificar a las personas para acceso y cualificar la tierra alrededor de nosotros antes de que sembremos la semilla de nuestra vida ahí...

ERRORES RECONOCIDOS

Es importante que tú entiendas, que errores, cuando reconocidos, muchas veces pasa a ser los gran maestros en la escuela eterna de la vida. Yo creo, que nuestros errores, son lo que Dios con frecuencia utiliza para engrandecernos y muchas veces enseñarnos lecciones que perduran toda una vida. Estoy convencido, que éstas lecciones son las que muchas veces, nos ayudan a navegar exitosamente por nuestro camino a través de la vida.

También he descubierto, que errores, cuando reconocidos, actualmente pueden pasar a ser parte del proceso que Dios utiliza para impartirnos sabiduría, mientras que al mismo tiempo, están cortando el potencial de flaquezas en nuestras vidas que, si no reconocidas y arrepentidos, más tarde pueden ser utilizadas por el enemigo para obrar en contra nuestra.

Ahora aquí hay algo más que yo he aprendido. Si una persona, luego de haber sido corregida un sinnúmero de veces, rehúsa reconocerlo, sino que continúa cometiendo el mismo error vez tras vez, entonces ya no es un error. Ahora, ha pasado a ser una elección reconocida. Y muchas veces es una clara indicación y explicación del carácter o las flaquezas de una persona.

Por cuanto la verdad es, nosotros somos lo que repetidamente hacemos. Por ejemplo, puede que cometas el error de chismear de tu pastor y su esposa, o de hecho de cualquier otra persona. Y vamos a decir, de momento el Espíritu de Dios te redarguye, o alguien te confronta con la verdad; pero en vez de reconocer, que lo que has hecho está mal, tú escoges ignorarlo y continuar chismeando. ¡Ahora, eres un chismoso! Por cuanto si fue un error, y se trajo a tu atención, primeramente reconocerías que hiciste mal. Segundo, te arrepentirías y le pides a Dios misericordia.

Finalmente, tú humildemente le pedirías a Dios que te diera suficiente Gracia para ayudarte de una vez y por todas, a aprender de ese error, para que nunca lo vuelvas a hacer nuevamente. Ahora, si estoy sobando al gato de manera equivocada, sólo permite que el gato se dé vuelta. ¡Ja,ja, ja,! Recuerda, somos aprendices, no perdedores.

Y recuerda, este libro no es para condenación, sino para información, y mi intención en escribir este libro, no es para derrumbarte, ¡sino para levantarte!

Ahora, ¿estás consciente, que todos en la biblia, excepto Jesús, cometieron errores?

Oh sí los cometieron…Por ejemplo,

1. Adán cometió el error de no ejercer su autoridad sobre el diablo en el Jardín, pero gracias a Dios, el último Adán (Jesús) sí lo hizo. Y como resultado, ¡lo aplastó bajo sus pies!

2. Eva cometió el error de envolverse en una conversación con el gran intruso y enemigo de su alma, cuando ella debió haberle reprendido.

3. Noé cometió el error de embriagarse en su propio éxito.

4. Abraham cometió el error de mentir sobre su esposa. Y si no hubiera sido por la misericordia e intervención divina de Dios, él lo pudo haber perdido todo.

5. Isaac cometió el error de permitir que su apetito básico controlara su mejor juicio, cuando Jacob vino con engaños pidiendo su bendición. Y en vez de ir con lo que él sabía profundamente en su ser, el verificó con sus sentidos y sus sentidos le engañaron.

6. Jacob cometió el error de confiar en su tío Labán. Él pronto descubrió que siempre cosecharás lo que siembras; y el hombre engañador siempre es engañado.

7. Moisés seguía cometiendo el error de siempre perder su temperamento, y eventualmente, le costó caro. Sólo recuerda, la ira, es la política de la puerta trasera abierta, que el diablo utiliza para robar tu paz, destruir tus relaciones y matar tu futuro… La ira no tiene amigos.

8. Josué bajó su guardia, se volvió perezoso y cometió el error de entrar en un pacto con una tribu engañadora. He aquí

sabiduría: antes de que tú hagas una mayor decisión en la vida, asegúrate que primero has examinado lo profundo de tu interior.

¿Qué examinas?

Tú examinas la presencia o la ausencia de paz. En otras palabras, si tienes una interrogante o una sensación de intranquilidad o inseguridad en tu interior, entonces, ¡es un no!

Por otro lado, si tú tienes evidencia de paz o un acuerdo regocijante o una calidad sensación en tu interior, ¡entonces es un sí! Escucha según Pablo dice ... y permite la paz (o armonía del alma que viene) de Cristo. GOBIERNE (o que actúe como un contínuo arbitro) en tu corazón (decidiendo y estableciendo con finalidad toda interrogante que surge en tu mente) (Colosenses 3:15 AMP) Quiero decirte, de cuántas veces esta simple revelación me ha librado de cometer drásticas decisiones en mi vida, que hubieran resultado en graves consecuencias.

9. Sansón cometió el error de pensar que él podía confiar en Dalila y no pagar el precio. Escucha lo que te digo, ¡nunca te confíes de un escorpión!

10. José cometió el error de contar su sueño a sus medios hermanos. He descubierto, la mayor parte de los medios hermanos no tienen en su corazón tu mejor interés, porque son celosos.

11. David cometió el error de permanecer en su hogar, durante el tiempo cuando los reyes se suponen que fueran adelante en la batalla, y le costó grandemente...

12. Salomón cometió el error de no escuchar las advertencias de Dios concerniente a mujeres extrañas. Me imagino que se le

olvidó practicar lo que había predicado. (Primordialmente, que la sabiduría es lo principal.)

13. Pedro cometió el error de negar al Señor Jesús. Sin embargo, al final de su vida, cuando fue a punto de ser crucificado, él solicitó el ser crucificado al revés. Porque él dijo, "No soy digno de morir como mi Señor."

14. Saulo de Tarso, antes de que se convirtiera en el gran apóstol Pablo, cometió el error de pensar que persiguiendo cristianos era lo correcto. Piénsalo, un mal pensamiento lo tenía torturando y matando a personas inocentes. ¡Solo Dios hace la diferencia!

La verdad es, todos hemos cometido errores. Pero cuando los reconocemos y nos arrepentimos, entonces, los errores pueden pasar a ser parte del proceso de nuestro crecimiento y desarrollo en nuestras vidas, que Dios muchas veces utiliza como peldaños para llevarnos al próximo nivel. Pero para aquellos que rehúsan aprender de sus errores y endurecen sus corazones a la corrección, entonces sus errores, frecuentemente se vuelven sus tumbas. Es por lo cual te ruego que mantengas tu corazón tierno y flexible a la corrección.

Sin embargo no me escuches sólo a mí, vamos a ver lo que Dios tiene que decir al respecto. "Aquel, que con frecuencia es reprobado (y) duro de cerviz, de momento será destruido, y eso será sin remedio." (Proverbios 29:1) ¡WOW!

Ahora escucha esta misma escritura en la Biblia de Mensajes. "Aquellos, que detestan la disciplina y sólo se vuelven más tercos, llegará el día cuándo la vida se les derrumbe y ellos se hagan pedazos, pero para entonces será muy tarde para ayudarles".

¿Has hecho la pregunta, cómo sucedió esto? ¿Cómo pudo pasar esto? Especialmente cuando alguien que tú conociste, que parecía que lo tenía todo, de momento fue quitado y por ninguna aparente razón, cosas comenzaron a sucederle, que no podían ser explicadas. Yo lo he visto. Y por mucho, mucho tiempo, te digo, este tipo de cosas, a la verdad realmente me turbaron.

La verdad es, que no fue, hasta que yo comencé a recibir vislumbre en las escrituras cómo éstas, que yo claramente entendí, que Dios no era de culpar, y a la verdad, tú realmente nunca sabes, qué sucede tras puertas cerradas. ¿no es esto la verdad?

Bueno la conclusión es la siguiente. Si tú quieres sobrevivir y pasar a ser un vencedor en la etapa de la vida, tú tendrás que desarrollar, ambos, la piel de rinoceronte y el corazón de una mariposa. Escucha según Dios nos habla en Isaías 41:10 en la Biblia Amplificada. Aquí Él nos dice, "No temas (por cuanto no hay nada que temer) porque yo estoy contigo". Yo te FORTALECERÉ y te ENDURECERÉ ANTE LAS DIFICULTADES (esto es lo que yo llamo teniendo la piel de un rinoceronte), ¿y no necesitamos esto todos?

Por cuánto he descubierto, que mientras tengas aliento en tus pulmones, listo o no, problemas y dificultades vendrán... Pero he aquí las buenas nuevas: Si te atreves pedirle a Dios que te fortalezca y endurezca ante las dificultades, como Él dijo que lo haría, ¡y lo hará!

Pero eso es sólo un lado. El otro lado de la moneda, es un CORAZÓN TIERNO. Un corazón que es flexible, enseñable, moldeable. Es el porqué (Hebreos 3:15) nos advierte, "hoy si oyeres su voz, no endurezcáis vuestros corazón."

Cada vez que yo leo esto, soy recordado de la escritura, mi esposa siempre me citaba después de una discusión, antes de que nos fuésemos a la cama. "airaos pero no pequéis" (ahora he aquí mi traducción personal) "está bien el airarse y permitir la frustraciones salir por un tiempo, en vez, de guardarla dentro de sí, endureciendo tu corazón, y luego, usando tu ira como combustible para la venganza".

Así que ella decía, "J", que antes de que nos vayamos a la cama, vamos a resolver nuestra ira y perdonarnos uno al otro. No permanezcamos airados. No vallemos a la cama con ira. No le demos al diablo este tipo de ventaja en nuestras vidas. (Efesios 4:26-27 MSG) Y ahora yo te paso esto a ti.

Así que es siempre nuestra elección y responsabilidad personal el permanecer tiernos y flexibles a la corrección de Dios, a fin de que podamos experimentar una vida saludable, disciplinada y victoriosa.

Eso es lo que yo llamo un corazón de mariposa. Es por esto que yo siempre le estoy pidiendo a Dios que me mantenga tierno y que me mantenga dulce y siempre haciendo lo mejor, para siempre resolver mis asuntos de ira antes de ir a la cama...

Déjame concluir este capítulo compartiendo contigo una historia que nunca se me olvidará. Esta es una experiencia que me sucedió mientras visitaba una factoría de cera en Pennsylvania. Ahí, yo vi a un hombre fácilmente manipulando un pedazo de cera con sus manos. El literalmente torcía la cera, la apretaba, la moldeaba, y le daba forma, de cada manera posible, y el pedazo de cera nunca quebró. Así que yo le pregunté, "¿Cómo es que haces eso?" Él respondió, "Oh, es simple. siempre y cuando yo mantenga este pedazo de cera cerca de la lámpara, la cera permanecerá flexible y fácil de manejar; pero si la remuevo de la presencia y el calor de la lámpara y luego trató de moldear y darle forma, entonces se rompería inmediatamente.

Eso inmediatamente me chocó. No es diferente con nosotros. Mientras permanezcamos cercas del corazón de Dios (la palabra) y su presencia (Su Espíritu) permaneceremos suaves y moldeables. Sin embargo el minuto, en que comenzamos a movernos y alejarnos, nuevamente comenzamos a endurecernos y a tornarnos inmanejables.

Déjame concluir este capítulo citando (Proverbios 29:1 en la traducción ERV) Algunas personas rehúsan doblegarse cuando alguien les corrige. Eventualmente quebrarán, y no habrá nadie que repare el daño...

¡Hoy, yo declaro que tú eres un aprendiz y no un perdedor! ¡Tú eres flexible en las manos del Maestro, y en el nombre de Jesús, tú cumplirás todos sus planes para tu vida!

VIII

Matrimonio

Alguien dijo, "lo más cerca que llegarás al infierno sin ir ahí, es un mal matrimonio". Y lo más cerca que llegarás al cielo sin ir ahí, es un buen matrimonio. ¡¡¡Sé que eso es correcto!!!

Después de 43 años de matrimonio y contando, yo honestamente puedo decir, que he estado en ambos lados de ese dicho. Hoy soy tan feliz, pues mi esposa y yo estamos experimentando el cielo en la tierra, pero no siempre fue de esta manera. Yo recuerdo los días, cuando temía el simple pensar del "llegar a mi hogar." La verdad es, que yo buscaba cada excusa posible para quedarme fuera hasta tarde o viajar.

Tú ves, en mi mente, mi hogar se había vuelto una zona de guerra y un lugar muy indeseable en el cual vivir. Parecía que siempre estábamos discutiendo sobre algo. No me daba cuenta, que todo este argumento, se había vuelto un concurso vicioso de tirar piedra, que estaba causando daños irreparables e infligiendo un gran dolor en nuestras vidas; y puedo añadir, sin darnos cuenta, que esta locura estaba impactando grandemente la vida de nuestros hijos.

Nunca se me olvidará la visión que yo tuve, mientras hablaba en una reunión de estudiantes jóvenes en la escuela elemental cristiana en Nutley, NJ. De momento, yo estaba en el espíritu; y para mi asombro, me encontré dentro de una casa, donde un esposo y una esposa estaban discutiendo y gritando a todo pulmón el uno al otro. En un instante, la escena se tornó y yo comencé a ver a través de una pared de la casa un pequeño dormitorio, dónde una niña joven estaba acostada en su cama, escuchando todo lo que estaba sucediendo entre su madre y padre. Yo podía ver claramente y escucharla llorando y temblando como una hoja.

De momento, Dios me habló y dijo, ¿ves lo que está sucediendo? "¿Puedes ver lo que la discusión está haciendo?" En mi corazón, yo respondí, "Sí Señor". Luego Él respondió, "Su seguridad y su sentido de protección, que sus padres siempre le han provisto, ahora ha sido desgarrado de ella y en su lugar, confusión, temor y furia han comenzado a penetrarla". Y si ella no obtiene la debida ayuda, puede que nunca se recobre.

No es de extrañar, por qué tantos jóvenes crecen seriamente dañados en su interior? Ahora aquí está la parte triste, muchos de ellos, nunca realmente sabrán dónde, o cómo todo comenzó. Esto es por lo cual, en nuestros hogares, debemos guardarnos contra el orgullo y permanecer fuera de contienda a todo costo...

Por favor escucha mi corazón, y conoce que mi propósito en compartir esta visión, no es para condenación sino para información, y a fin de que no continuemos siendo ignorantes de las tramas del diablo.

Ahora déjame compartir contigo una escritura, que realmente puso el temor de Dios en mí, "Pero si se muerden y se comen los unos a los otros, mirad que no sean consumidos los unos a los otros". (Gálatas 5:15)

Ahora el Testamento de las Buenas Nuevas lo relata de esta manera: "Pero si actúan como animales salvajes, lastimándose y desgarrándose los unos a los otros, entonces velad, o se devorarán y destruirán los unos a los otros" ¡WOW! ¿Es esto algo loco o qué?

¿Pueden comenzar a imaginar, que algo como esto, posiblemente pueda estar sucediendo tras puertas cerradas; especialmente en hogares Cristianos?

Bueno, si lo crees o no, ¡algunas veces, sí sucede! y frecuentemente sucede con las personas menos esperadas... La razón por la cual yo sé, es porque esto sucedió en mi propio hogar, ¡y yo lo detestaba!

Porque cuando yo era joven, se me enseñó que el hogar se supone que fuera un lugar de refugio, un amparo de las tormentas de la vida, una torre fuerte, mi lugar de esconderme; pero triste es decir, que ese no fue el caso, no del todo. Por el contrario, mi hogar se volvió un campo de hostilidad y actividad demoníaca, un lugar dónde reinaba la contienda. Es por eso que en la enseñanza de Santiago sobre el tema fue una revelación para mí. Escúchalo:

> "Por cuánto donde hay envidia y contienda, ahí
> hay confusión (guerra-disturbios) y está presente
> toda obra de maldad. (Santiago 3:16)

¡Ahora piénsalo! Dios nos dice, si hay contienda en tu hogar, o en tu oficina, o hasta en tu iglesia, "¡Ahí, doquiera que hay!". ¡hay disturbios, confusión y toda obra presente del enemigo! ¡Wow! No es de extrañar, porque el diablo trabaja horas adicionales, para hacer que tú y yo tomemos su carne. Personalmente, yo creo, es porque él sabe lo que Jesús dijo en Mateo 12:25 es cierto:

> Todo reino, no alguno. Sino todo reino...(eso también
> puede significar, cada hogar, o iglesia o nación), que
> lucha contra sí eventualmente caerá y no sobrevivirá.

¿Ahora puedes entender, por qué tantos hogares se están derrumbando, siendo destruidos y no sobreviviendo? ¡Pero he aquí las buenas nuevas! El Goliat de la contienda, o de hecho cualquier otro Goliat, puede ser detenido, derrumbado y derrotado en el nombre de Jesús. ¡Yo soy un testigo!

Déjame compartir contigo otra cosa que yo he aprendido sobre la contienda que puede ayudarte. La contienda, como bien sabes, es un veneno espiritual mortal. Lo que yo no sabía era, que la contienda, siempre crea una "política de puerta trasera abierta," que permite que el enemigo interfiera con cada una de las áreas de nuestra vida. En otras palabras, puedes estar haciendo un millón de cosas buenas y por ello quiero decir, cosas como orando, cantando en el coro, diezmando y dando ofrendas o quizás eres un cristiano estelar en tu trabajo y en tu comunidad; pero si al mismo tiempo, tienes contienda en tu vida. El diablo, a través de esa "política de la puerta trasera abierta," entonces tiene todo el derecho, de comer todas tus finanzas, o tu salud, o tu ministerio y aún tus relaciones, etc., etc. Aquí está lo triste, a menos, de que nos humillemos y le pongamos fin a esa contienda, no habrá nada que podamos hacer sobre ello...

Escuché una vez al fallecido Reverendo David Wilkerson decir, "Cuando mi ministerio entra en problemas financieros, yo inmediatamente sé que la contienda ha entrado en mi facultad". El Reverendo Kenneth Copeland enseñó, "La cosa que yo no toleraré en mi ministerio es la contienda". ¿Por qué? Porque él sabe que la contienda impedirá que tus oraciones sean contestadas, secará tus finanzas y ahogará el fluir divino de la unción de Dios en tu vida.

Es por eso que siempre advierto a las personas a permanecer fuera de contiendas a todo costo. Pero por si acaso, estoy tarde, y en el presente te encuentras envuelto en algún tipo de contienda, "esto es lo que yo te animo a hacer" Humíllate, ve y haz las paces con la otra persona como bien puedas, no importando que, porque como yo siempre digo, prefiero comer una cuchara de tierra ahora en humildad, y obedecer a Dios, que tener un vagón lleno de tierra, derramado sobre mi cabeza luego, debido a mi orgullo. Así que no lo dejes para luego. Humíllate ahora. Dale mientras la unción está caliente y ¡hazlo ya!...

Recuerda, por nada vale la pena el perder tu paz y victoria, ¡por nada!

Hay algo más que el Señor recientemente me reveló sobre la contienda. Él dijo, "En cuanto concierne el arte de comunicación, la cosa más importante no es tanto lo que la persona dice, como lo que la persona oye". Y como una persona oye, está todo basado en el sistema de filtración del individuo. Es por esto que en Marcos 4:24 Él dijo: "mirad o ten cuidado de lo que oyes."

Luego el Señor me dijo. El sistema de filtración de una persona está basado primordialmente en la forma en que ha sido criado, y en lo que han experimentado a través de su vida. Es literalmente, lo que ayuda a una persona a interpretar lo que ellos oyen y lo que ellos ven.

Ahora cuando yo pensé sobre esto. Me di cuenta, que aún en lo natural, esto es exactamente lo que sucederá, si tú intentas echar agua limpia en un vaso a través de un filtro sucio.

La única diferencia aquí es, que esto está tomando lugar en el espíritu... Es por esto, si tu sistema de filtración es negativo o torcido, por la mayor parte, lo que oyes y ves, será interpretado como algo negativo o torcido. Lo opuesto es también cierto. Es más bien cómo, dos individuos distintos mirando al mismo vaso de agua. Le preguntas a ambos, "¿qué es lo que ves?" El uno con el sistema de filtración negativo dirá, "yo veo un vaso que está medio vacío." Sin embargo, la persona con el sistema de filtración positivo dirá, "yo veo un vaso que está medio lleno." Sin embargo, ambos ven el mismo vaso, pero cada uno de ellos lo interpreta distinto. ¿Por qué? Porque todo depende del sistema de filtración de la persona, o la forma en que son capaces de interpretar lo que ven y oyen.

Toma mi matrimonio por ejemplo. Poco sabía, que cada vez que mi esposa y yo nos sentábamos a hablar el uno con el otro y tratábamos de hacer las paces, esto es lo que sucedía: en el momento en que mis palabras, cuya intención era hacer el bien y traer paz, habían pasado a través del sistema de filtración de la contienda que nuestra constante discusión había creado; ya habían sido torcidas en algo que yo nunca dije o quise decir. Es por esto, yo siempre digo, ignorancia es un alto precio que pagar.

Tú ves, nadie, me había dicho, que las palabras que tú hablas son lo que atraen espíritus, sean ángeles o demonios. Por ejemplo, en el décimo capítulo del libro de Daniel, descubrimos que el ayuno y la oración de Daniel trajeron al Arcángel Miguel, con un mensaje del

Señor. Luego él (el Ángel) me dijo: "no temas, Daniel, por cuanto del primer día que dispusiste tu corazón a entender, y a someterte delante de tu Dios, tus PALABRAS fueron oídas, y "YO HE VENIDO POR TUS PALABRAS". (Daniel 10:12 KJV).

Esta escritura, me ayudó a ver, que cuando las palabras son habladas, sea que son palabras de vida o muerte, bendición o maldición, sea que son habladas en el dormitorio, en una oficina o hasta en una iglesia. Esas mismas palabras, son lo que le dan el derecho a las fuerzas invisibles sea Dios o el diablo, ángeles o demonios a tomar residencia y a manifestarse.

Con razón, mi esposa y yo teníamos tanta dificultad comunicándonos, especialmente después que habíamos tenido una gran discusión en nuestra casa. La verdad es, que no fue hasta que El Señor me reveló esto, que yo comencé a entender, que eran nuestras constantes contiendas lo que legalmente invitaban todo tipo de espíritus malvados a invadir nuestro hogar, permitiéndoles literalmente crear un sucio y torcido sistema de filtración entre nosotros que interfería y tergiversaba cada intento que habíamos hecho para hacer las cosas bien. Quiero decir cada vez, yo trataba de comunicarme con mi esposa a fin de que las cosas salieran bien, mis palabras, cuya intención era traer paz; en lo que alcanzaban sus oídos, después de haber pasado a través de ese sucio y torcido sistema de filtración, estos espíritus malvados habían creado, ella escuchaba algo que yo nunca dije, algo que yo nunca quise decir. Así que en vez de nuestra conversación producir paz, solo se estallaba en otra gran discusión y añadía más leña al fuego. Honestamente, aún puedo escucharme a mí mismo diciéndole a ella, "No, Gale, eso no fue lo que yo dije". "Esto es lo que yo dije". Y "No, Gale, eso no fue lo que yo quise decir". "Esto fue lo que yo quise decir", pero la mayor parte del tiempo, fue inútil. Y honestamente, no era distinto con ella; porque cada vez que ella intentaba hacer las paces conmigo, yo también escuchaba algo que ella realmente no dijo o quería decir. Con razón la palabra de Dios nos dice, mi pueblo está siendo destruido por falta de conocimiento... (Oseas 4:6).

Así que ahora que sé mejor, antes de que tengamos una conversación significativa, yo me aseguro, primero ato y echo fuera del cuarto, todo espíritu que sea contrario al Espíritu Santo ¡en el nombre de Jesús! y desato la presencia y El Poder del Espíritu Santo para que tenga la preeminencia. Después de hacer esto, yo simplemente alzo mi voz, y le canto un cántico de amor, o simplemente comienzo a darle gracias y alabarlo por sus tierna misericordia, su Gracia increíble y su gran amor. ¿Por qué? "Porque Él mora y habita en medio de las alabanzas de su pueblo." O como dicen los Hebreos, "Él vendrá y levantará su trono, dónde todas las alabanzas de su pueblo son ofrecidas".

ECHANDO FUERA LOS MALHECHORES

Sabiendo lo que yo sé ahora, si me preguntaran, ¿qué tú crees que es el reto más grande que enfrentan los matrimonios hoy? Yo tendría que decir, (aparte de la falta de dinero) que ¡son las divisiones y la contienda!

Escucha esta Palabra de Sabiduría de Proverbios 22:10 en la Biblia de Mensaje:

"Echa fuera los malhechores (contienda y divisiones) y las cosas se calmaran; ¡tú necesitas un descanso de las quejas y disputas!" (a fin de que puedas recuperarte).

La traducción fácil de leer lo dice de esta manera: "Deshazte del orgulloso que se ríe de lo que es correcto, (para mí, esto se está refiriendo al espíritu de división y contienda) y los problemas se apartarán con ellos. "Todos los argumentos e insultos terminarán". (Proverbios 22:10 ERV) ¿No es esto maravilloso?

Bueno, personalmente creo que los más grandes malhechores en muchos hogares hoy, son el espíritu de división y contienda; y a menos que alguien esté dispuesto a levantarse en el nombre de Jesús y echarles fuera, ellos continuarán causando estragos en ambos, tu vida y tu hogar...

Ahora tú sabes lo que dicen, si invitas al diablo a almorzar, siempre traerá sus pijamas... En otras palabras, una vez que ha sido invitado a través de la división y contiendas en tu hogar, él no se irá, ¡hasta que alguien le eche fuera!

Ahora he aquí lo que yo hice y te animo a que tú hagas lo mismo.

1. Primero, me humillé, y le pedí a Dios que tuviera misericordia de mí y me perdonara y me limpiara con la sangre de Jesús de todos mis pecados y todos mis errores.

2. Segundo, até el espíritu de división y contienda y rompí su poder primeramente sobre mi propia vida, en el nombre de Jesús

3. Tercero, me levanté en el espíritu, y eche fuera los malhechores de divisiones y contiendas de mi hogar y mi matrimonio en el nombre de Jesús, y les prohibí que regresarán nuevamente...

4. Cuarto, valientemente comencé a confesar Proverbios 20:3 que dice, Es un honor para el hombre dejar la contienda; pero todo necio continuará discutiendo y peleando...

   Así que comencé confesando sobre mí mismo, "cualquier necio puede comenzar una discusión, pero yo no soy necio." Yo soy un hombre sabio. Por lo tanto, haré aquello honorable y pondré fin a la contienda en mi hogar y en mi vida ahora, porque soy un amador de la paz, un hacedor de la paz, un guardador de la paz ¡en el nombre de Jesús! ¡y la contienda no tiene lugar en mí ni en mi hogar!

5. Luego, comencé a alabar y a darle gracias a Dios por librarme a mí y a mi esposa, fuera del poder y el dominio de las tinieblas y por trasladarnos al reino de su precioso hijo Jesucristo.

6. Por último, comencé a practicar Proverbios 26:20 que nos enseña, donde no hay madera, ¡ahí! ¡ahí! ¡ahí! el fuego se apaga, así que de esta escritura me di cuenta, que era vital, (por cuanto mi matrimonio y mi futuro dependían de ello) que yo aprendiera a caminar en amor y permanecer fuera de

contienda a todo costo, en el nombre de Jesús. ¡Y hoy estoy muy contento de que lo hice!

UN MATRIMONIO SANADO

Antes de cerrar este capítulo, me gustaría compartir contigo un principio más. Uno que yo creo que será un gran recurso de fuerzas y bendición para ti...

EL PRINCIPIO DE BONDAD

Aún recuerdo aquella noche. Fue durante un tiempo cuando mi esposa y yo, ambos llegamos al fin de nuestros cabales. La atmósfera en nuestro hogar era tan espesa con hostilidad, que podías prácticamente cortarla con un cuchillo. Recuerdo, me estaba preparando para salir por la puerta, cuando de momento Gale se acercó a mí y preguntó, si era posible que nos sentáramos y habláramos por lo menos una vez más. Inmediatamente pensé, "¿ahora, qué posiblemente puede ser dicho que ya no se haya dicho?" Pero Dios con su misericordia intervino, y así que nos sentamos y hablamos por un rato.

Honestamente puedo decir, por los primeros 10 minutos, se sentía como si nuevamente sólo estábamos perdiendo nuestro tiempo. Así que le informé, "me tengo que ir". Con eso, ella respondió, "Déjame hacerte solamente una pregunta más, y por favor piensa antes de que me des una respuesta". ¿Podemos por favor tratar nuevamente? Creo que El Señor dijo, que nuestro matrimonio funcionará si nosotros simplemente comenzamos a ser amables el uno al otro. "J", ¿podemos por favor tratar? Luego ella añadió, "yo estoy dispuesta" ¿y tú?

Voy a admitir, que en aquel momento, todo lo que yo realmente sentí era una profunda ira, desatándose en mi interior. Sin embargo a la misma vez, yo sabía que si habría alguna posibilidad para que nuestro matrimonio volviera a ponerse en marcha y glorificar a Dios, tendríamos que por lo menos intentar una vez más, y ésta vez, necesitábamos darle todo lo que teníamos. Bueno, no sabía, que Dios iba a utilizar mis simples actos de bondad para disipar las tinieblas de la noche en mi vida.

Para ser perfectamente honesto contigo, cuando primero comencé, no siempre sentía ser bondadoso. Por ejemplo, una noche, entré a nuestra sala donde ella estaba sentada y a pesar de todo el dolor que yo aún estaba sintiendo, le pregunté si le gustaría que yo le hiciera una buena taza de té caliente. Ella respondió, "Si, eso sería muy bueno, gracias".

Según me volví de ella, y comencé a caminar hacia la cocina para hacerle el té, yo estaba murmurando y burlándome de ella, haciendo expresiones faciales negativas que no eran muy amables. (¡Estoy seguro que sabes lo que yo quiero decir!). Pero créclo o no, ahí fue cuando primero comencé a aprender que la bondad no es un sentimiento; sino más bien un acto. La biblia nos enseña que el amor es bondadoso, y que el amor es una palabra de acción. Como puedes ver, mi corazón aún no lo estaba sintiendo, y honestamente, tomó un largo, largo tiempo antes de que mis sentimientos comenzaran a alcanzar mis acciones. La clave era, que yo continué poniendo el esfuerzo, no importando cómo me sentía.

Ahora he aquí lo que yo quiero que tú veas. Si hubiera esperado que Dios me sanara primero, antes de comenzar a actuar, no creo que mi matrimonio hubiera tenido oportunidad; pero gracias a Dios, porque yo hice el esfuerzo, hoy nuestro matrimonio es un testimonio viviente del hecho, que cuando todo lo demás ha fracasado, nuestros pequeños actos de bondad, fueron poderosamente utilizados por Dios para ayudar a nuestro matrimonio a través del proceso de sanidad y ponernos nuevamente en marcha.

Así que, ¿porqué maldecir las tinieblas, cuando puedes prender una vela? En otras palabras, en vez de permitir que tu situación actual te trague y arruine tu vida, ¿porqué no haces algo sobre ello? Haz lo que yo hice. Trata una pequeña ternura y una buena dosis de bondad cada día y verás lo que Dios hará!

Escúchame, si Dios te está hablando, no sigas dejándolo para otro día. Rechaza tus propios sentimientos y comienza a ser bondadoso.

La razón por la cual yo digo esto, es porque, si el enemigo puede hacer que se endurezca tú corazón, será prácticamente imposible que tu matrimonio sobreviva, y no creo que esto es lo que realmente quieres. Además, este principio no solamente funcionará en tu matrimonio, sino que también funcionará en cada otra relación en tu vida.

Aquí hay algo más que he aprendido en mi gloriosa jornada. Muchas veces, en un matrimonio, el dolor nunca realmente desaparece. ¡El dolor tiene que ser desatado! En otras palabras, tienes que estar dispuesto a dárselo a Dios y soltarlo antes de que comience el proceso de sanidad.

En conclusión, me gustaría compartir algo contigo, que una vez escuché de Oral Roberts, él declaró, "Un cántico no es un cántico, hasta que tú lo cantes". Una campana no es una campana, hasta que tú la suenes, y amor no es amor, hasta que tú lo das. En otras palabras, amor no es amor, hasta que tú actúes en él. Simple, ¿correcto? ¡¡¡Ahora ve y hazlo!!!

Este simple testimonio no es sólo uno de sobrevivencia, sino uno de triunfo. Y si tú lo recibes, este es el tipo de espíritu, que yo ahora te imparto en el nombre de Jesús... ¡¡¡RECIBELO!!!...Ahora dale a Dios la Gloria...

En conclusión, déjame compartir contigo 5 de mis favoritas oraciones diarias!

1. ¡Padre, inspírame divinamente! Padre, te pido que diariamente me inspires a escribir, a crear, a predicar, a enseñar, a cantar y a ministrar bajo tu unción por el Poder del Espíritu Santo; en predicción y simple discurso, en el nombre poderoso de Jesús. ¡Amén!

2. ¡Padre, ilumíname divinamente!
Padre, te pido que diariamente enciendas mi vela y alumbres mis tinieblas. Padre, inúndame con el conocimiento revelador de tu voluntad, tus caminos, tu palabra y tu sabiduría en el nombre poderoso de Jesús. ¡Amén!

LOS CARAMELOS DE LA VIDA

3. Padre, apodérame divinamente!
    Padre, te pido que me apoderes con los dones del Espíritu
    a través de este día como tú lo veas necesario. Sopla sobre
    mi jardín oh Dios, y permite el fluir de las especies en el
    nombre de Jesús. Padre, manifiéstate a través de mi hoy, con
    los dones de poder, (fe especial, dones de sanidad, obras de
    milagros) con los dones de revelación, (el don de la palabra
    de sabiduría, el don de la palabra de conocimiento, el don
    de discernimiento de espíritus) y los dones de enunciación,
    (el don de profecía, el don de lenguas y la interpretación de
    lenguas), como se presenten las oportunidades. Padre, hazlo
    todo para tu gloria, en el nombre de Jesús. ¡Amén!

4. ¡Padre, energízame divinamente!
    Padre, hoy, te pido que divinamente me energices con vida
    y poder de resurrección por el Espíritu Santo. Valientemente
    confieso, que El Señor es la fortaleza de mi vida y mi porción
    por siempre; y yo caminaré en la fortaleza del Señor. Padre,
    haré conocer tus fuerzas a las generaciones y a todos los que
    han de venir. Hoy valientemente confieso, que yo puedo
    hacer todo a través de Cristo quien me fortalece, y yo estoy
    listo para cualquier cosa a través de Cristo quien diariamente
    me infunde con fuerzas en el hombre interior, en el nombre
    poderoso de Jesús. ¡Amén!

5. ¡Padre, electrifícame divinamente!
    Padre, hoy te pido que me electrifiques divinamente con
    tu glorioso poder y unción, para que yo pueda impartir
    los dones y gracia del espíritu en la vida de aquellos con
    los cuales entro en contacto, a fin de que ellos pueden ser
    establecidos y fortalecidos, y tu nombre sea glorificado, en
    el nombre de Jesús. Amén!

Biografía del Dr. Jason Álvarez:

En el 1961, Jason y su familia escaparon de Cuba y se vineron para los Estados Unidos. Luego él prosiguió a disfrutar de una increíble carrera musical donde como compositor, cantante y productor, vendió más de 24 millones de discos a nivel mundial. Sus grandes éxitos fueron canciones como "Shame, Shame, Shame", y "Somewhere In My Lifetime", por Phyllis Hymen, y muchas más.

En el 1977 se convertió, ¡para la Gloria de Dios! y en el 1982 se dedicó al ministerio a tiempo completo. El Dr. Álvarez fue el líder de adoración y alabanza de RW Schambach, Nicky Cruz y luego sirvió como ministro de música para el Pastor Demola. Ahora el Dr. Jason Álvarez pastorea una de las Iglesias más dinámicas de toda la costa este de los Estados Unidos, LA IGLESIA FAMILIAR EL AMOR DE JESÚS en Orange New Jersey, USA y supervisa muchas otras Iglesias y ministerios alrededor del mundo.

(Por favor comparte este libro con alguna otra persona y envíame un correo electrónico si te ha ayudado de alguna manera)

Jalvarez1251@gmail.com PARA ORDENAR MÁS LIBROS, MIS CD'S DE ENSEÑANZA O ALGÚN MATERIAL DE MI MÚSICA:

Llama al (973) 676-4200 o ve a AMAZON, Jamm.org o iTunes.

Envía tu donación y petición de oración especial a Jason Álvarez, 448 Highland Ave, Orange, New Jersey. 07050 USA

Le quiero mucho :)

Printed in the United States
By Bookmasters